Simone Hesse / Stefanie Kempkes

Willkommen in der Schuleingangsphase

Spielerische Förderung von Basiskompetenzen
im Schulalltag

Danksagung

Danke an alle Menschen, besonders unsere Familien, die uns bei diesem Buchprojekt unterstützt und an uns geglaubt haben. Ohne euch wäre das Projekt nicht möglich gewesen.

Wir danken unseren Schulleitungen & den Lehrkräften für die gute Zusammenarbeit und die Möglichkeit, uns mit vielen Freiheiten in der Förderung spielerisch auszuprobieren.

Besonders bedanken möchten wir uns aber auch bei allen Kindern, die wir bislang in unseren Förderungen begleiten durften und die uns auf Ideen für Spielangebote in diesem Buch brachten. Ihr zeigt uns jeden Tag, wie viel Freude Lernen bereiten kann.

Hinweise der Autorinnen

Einige Ideen und Materialien sind online zu finden. Den entsprechenden Pfad/Link finden Sie in der Quellenangabe. Einige Tipps sind kostenlos, teilweise ist eine Registrierung notwendig oder das Material ist kostenpflichtig. Stand: September 2023

Die Autorinnen haben nach bestem Wissen alle Quellen der Spiele erforscht und, wo bekannt, im Buch angegeben. Sollte eine Quelle versehentlich nicht korrekt oder vergessen worden sein, bittet der Verlag um Nachricht: info@verlag-modernes-lernen.de

Simone Hesse / Stefanie Kempkes

Willkommen in der Schuleingangsphase

Spielerische Förderung von Basiskompetenzen im Schulalltag

Unser Buchprogramm im Internet: www.verlag-modernes-lernen.de

Externe Links
Der Verlag weist ausdrücklich darauf hin, dass eventuell im Text enthaltene externe Links vom Verlag nur bis zum Zeitpunkt der Buchveröffentlichung eingesehen werden konnten. Auf spätere Veränderungen hat der Verlag keinerlei Einfluss. Eine Haftung des Verlages ist daher ausgeschlossen.

Folgen Sie uns auf  

Online-Material zu diesem Buch

So einfach geht's
- Materialseite **verlag-modernes-lernen.de/buecher/online-material** aufrufen
- Buchcode eingeben und Download starten

Ihr Buchcode: **H84M9aDm**

Gesamtherstellung in Deutschland: Löer Druck GmbH, Dortmund

Fotos: Simone Hesse & Stefanie Kempkes, erstellt in der Isselschule und Katholischen Grundschule Anholt mit freundlicher Genehmigung der Stadt Isselburg. (Autorinnenfoto: Jens Isler)

Bestell-Nr. 1338 ISBN 978-3-8080-0937-6

Inhalt

Vorwort A

Sozialpädagogische Fachkräfte sind in der Schuleingangsphase in Nordrhein-Westfalen (NRW) seit dem Jahr 2005 an Grundschulen tätig. Sie sind hauptsächlich für die Förderung von Basiskompetenzen im Rahmen der Förderplanung der Schüler*innen und für den Übergang von der Kita in die Grundschule zuständig. Anfangs noch vereinzelt an den Grundschulen zu finden, wird heutzutage erfreulicherweise an vielen Grundschulen eine Einbindung sozialpädagogischer Fachkräfte forciert.

Der Start ins Schulleben gestaltet sich durch individuelle Lernvoraussetzungen und einer Heterogenität der Schülerschaft sehr unterschiedlich. Daher bietet die Schuleingangsphase die Möglichkeit, Kinder im Rahmen von Schule individuell nach ihren Möglichkeiten zu fordern und zu fördern, damit sie ihrem eigenen Tempo entsprechend Lernentwicklung zeigen können. Die Entwicklung der Basiskompetenzen ist im Rahmen der Schuleingangsphase als flexible Chance zu betrachten, um zwischen 1–3 Jahren eine gute Grundlage für Lern- und Entwicklungsprozesse der Kinder zu gestalten, denn diese bilden die Voraussetzung für erfolgreiches Lernen.

Aus unterschiedlichsten Gründen ist der Startpunkt für jedes einzelne Kind sehr individuell. Alter, Herkunft, Familiengröße, emotionale Belastung, genetisch bedingte Lernvoraussetzungen, medizinische Einschränkungen oder fehlende Förderung im vorschulischen Lebensabschnitt können Gründe für Lernbeeinträchtigungen und Entwicklungsverzögerungen sein. Was auch immer der Grund für eine Förderung im Rahmen der Schuleingangsphase ist, zeigen alle Schüler*innen erstaunliches Potenzial in ihrer Entwicklung, wenn die Einheiten individuell angepasst sind und mit Spaß verbunden werden. Sozialpädagogische Fachkräfte können hierbei ihre vielfältige Expertise nutzen, um insbesondere spielerisch die Lernentwicklung mit diversen Angeboten in der inneren und äußeren Differenzierung anzuregen. Das spielerische Element der Wiederholung baut die Basiskompetenzen weiter aus und ermöglicht den Schüler*innen dauerhaft Lerninhalte zu verinnerlichen. Der Spielcharakter erhöht zudem die Motivation sich mit den Übungen auseinanderzusetzen. Grundsätzlich sollte das Grundprinzip der Arbeit einer pädagogischen Fachkraft präsent sein, die Schüler*innen in ihrem Tun zu ermutigen und positiv zu bestärken, so dass sie in ihrer Selbstwirksamkeit gestärkt werden.

In der täglichen Arbeit mit den Schüler*innen beobachten wir, dass die Vielfältigkeit der Möglichkeiten von Förderung oftmals nur in Teilen genutzt werden kann. Räumliche und personelle Engpässe stellen uns und alle an Schule beteiligten Personen vor große Herausforderungen. In diesem Buch versuchen wir, Möglichkeiten zu zeigen, um Förderungen auch im Klassenverband, durch Freiarbeitsmaterial oder auf Fluren durch variable, bewegliche Förderwagen zu ermöglichen. Individuelle Bedürfnisse der Kinder aber auch der Lehrkräfte können dadurch sehr flexibel

A Vorwort

aufgegriffen werden. Der inklusive Grundgedanke des Gemeinsamen Lernens kann mit Hilfe vieler Spielideen in diesem Buch in innerer Differenzierung stattfinden. Die Umsetzung, der in der Förderplanung festgelegten Ziele, kann dadurch in den Schulalltag integriert und individuelle Förderungen angepasst werden.

Eine Zusammenarbeit im Lehrerkollegium als multiprofessionelles Team wird durch die sozialpädagogische Profession in ihrer Perspektivenvielfalt erweitert. Nur die Zusammenarbeit aller Beteiligten auf Augenhöhe verschafft die Möglichkeit, Schüler*innen dort abzuholen, wo sie sich befinden. Ein gegenseitiges Vertrauen in die jeweiligen Kompetenzen und ein Verzahnen von Arbeitsbereichen bereichert den Schulalltag und spart Ressourcen für die ohnehin schon anspruchsvolle Bildungsarbeit.

In diesem Buch finden Sie verschiedene, am Entwicklungsprozess des Schulkindes orientierte Themenbereiche, die uns in unserer langjährigen Erfahrung mit Erst- und Zweitklässlern wiederholt in der Förderarbeit begegnet sind. Am jeweiligen Ende der einzelnen Themenbereiche werden spezifische Förderboxen dargestellt. Diese beinhalten Gesellschafts- und Lernspiele, die zur präventiven Förderung aller Schüler*innen genutzt werden können. Des Weiteren stehen Ihnen für verschiedene Angebote **Kopiervorlagen (KV) als Download im Onlinematerial** zur Verfügung. Die Spiele oder Materialien können mit ihren unterschiedlichen Kompetenzstufen in den Unterrichtsalltag eingebunden werden (bspw. in der Freiarbeit) und berücksichtigen somit die Heterogenität der Lerngruppe. Die Materialien wurden in der Praxis getestet, verstehen sich als Auswahl und erheben keinen Anspruch auf Vollständigkeit.

Wir hoffen, Ihnen Inspirationen geben zu können, um Ihren Arbeitsalltag zu bereichern, Sie auf der Suche nach individuellen Förderungen zu unterstützen und um die wunderbare Arbeit mit Kindern zu genießen.
Viel Spaß beim Ausprobieren, Spielen und Lernen!

Der Start in das Schulleben B

Mit Eintritt in die Schule können es viele Kinder und Erwachsene kaum abwarten, endlich mit Buchstaben und Zahlen in Berührung zu kommen, da dies augenscheinlich die Hauptaufgabe von Schule ist.
Als Grundlage für den Schriftspracherwerb und die Aneignung mathematischer Grundfertigkeiten benötigen die Schüler*innen jedoch Basiskompetenzen (sogenannte Vorläuferfähigkeiten), die in den ersten Schulwochen beobachtet, dokumentiert und gefördert werden.
Zu diesen Basiskompetenzen gehören u. a. die Bereiche „Wahrnehmung" und „Motorik", die im Runderlass des Ministeriums für Schule und Bildung des Landes NRW (21–13 Nr. 10 Sozialpädagogische Fachkräfte in der Schuleingangsphase) als expliziter Tätigkeitsschwerpunkt aufgeführt sind und in diesem Kapitel vielseitig aufgegriffen werden.
Des Weiteren wird in den Bildungsgrundsätzen des Landes NRW die „Phonologische Bewusstheit" als die zentrale Vorläuferfähigkeit des Schriftspracherwerbs erläutert. „Unter ‚phonologischer Bewusstheit' wird die Fähigkeit verstanden, die Aufmerksamkeit vom Inhalt einer Mitteilung abzuwenden und auf den formalen Aspekt der Sprache hin zu lenken. Sie beinhaltet die Fähigkeiten, Wörter in Silben zu gliedern und zusammenzusetzen, Reime zu erkennen und ein Wort auf seine Laute hin abzuhören."[1]
Die Fachoffensive Deutsch (Kooperation des Ministeriums für Schule und Bildung des Landes NRW mit der Leibniz Universität Hannover und der Technischen Universität Chemnitz) hält ferner fest: „Eine umfassende Förderung der Vorläuferfähigkeiten bildet eine Basis und hilft den Lernenden, das **System Schriftsprache** sicherer zu meistern."[2]
Um die Schüler*innen in diesen Basiskompetenzen hinreichend zu fördern, werden im nachfolgenden Kapitel differenzierte Förderangebote in den Bereichen Reime, Silben und Anlaute vorgestellt.

Insgesamt gesehen ist das schulische Lernen ein komplexer Prozess, der von einer Vielzahl von Fähigkeiten wie bspw. der Kraftdosierung, der Auge-Hand-Koordination oder der Konzentration abhängt und beeinflusst ist. Viele Schüler*innen ermü-

---

1 Ministerium für Familie Kinder Jugend Kultur und Sport des Landes Nordrhein-Westfalen/ Ministerium für Schule und Weiterbildung des Landes Nordrhein-Westfalen (Hg.) (2016): Bildungsgrundsätze: Grundsätze zur Bildungsförderung für Kinder von 0 bis 10 Jahren in Kindertagesbetreuung und Schulen im Primarbereich in Nordrhein-Westfalen. 2. Auflage. Freiburg im Breisgau: Herder, S. 94

2 Gottfried Wilhelm Leibniz Universität Hannover (2023): Vorläuferfähigkeiten. Online: https://stift-deutschunterricht.de/vorlaeuferfaehigkeiten/ (Zugriff: April 2023)

den etwa beim Schreiben sehr schnell, da sie zu viel Kraft aufwenden oder den Dreipunkt-/ Pinzettengriff noch nicht beherrschen. Deshalb werden Sie einige Ideen in diesem Kapitel finden, die spielerisch diesen Förderbereich aufgreifen und trainieren.

Individuelle Förderangebote für Vorläuferfähigkeiten im Bereich der Mengenerfassung finden Sie im Kapitel „Das Spiel mit den Zahlen".

Das Spiel mit den Buchstaben 

Im Kapitel „Der Start in das Schulleben" wurde bereits die elementare Vorläuferfähigkeit „Phonologische Bewusstheit" vorgestellt, die notwendig ist, um die Basiskompetenzen im Deutschunterricht weiterentwickeln zu können[3]. Denn nur durch das Wahrnehmen der Silbenstruktur kann die Lautanalyse der Wörter gelingen[4].
Da im Anfangsunterricht sehr heterogene Kompetenzen im Lese- und Schreiblernprozess der Schüler*innen zu beobachten sind, werden im nachfolgenden Kapitel differenzierte Förderangebote in den Bereichen:

- Wortschatz erweitern
- Buchstaben erleben
- Lesen üben
- Wörter üben
- Wortarten üben
- Sätze üben

vorgestellt. Die zusätzlichen Wiederholungsübungen zum Unterricht helfen den Schüler*innen die Lerninhalte auf einer spielerischen Lernebene zu erfassen und knüpfen stets am individuellen Lernstand an.
Denn auch die Bildungsgrundsätze des Landes NRW beschreiben: „In der Grundschule ist in den ersten Schuljahren der Schriftspracherwerb eines der zentralen Lernziele. [...] Alle Erfahrungen des Kindes mit mündlicher und schriftlicher Sprache haben Einfluss auf die Lernprozesse beim Schriftspracherwerb."[5]

Dieses Kapitel greift nicht alle Kompetenzen auf, die die Schüler*innen am Ende der Schuleingangsstufe gemäß dem Lehrplan Deutsch erworben haben sollen. Die von uns ausgewählten Bereiche knüpfen an die Vorläuferfähigkeiten an und fördern die Basiskompetenzen weiter aus, um eine Grundlage für die fachlichen Kompetenzen zu schaffen.

---

3 Ministerium für Schule und Bildung des Landes Nordrhein-Westfalen (2021): Lehrpläne für die Primarstufe in Nordrhein-Westfalen. Online: https://www.schulentwicklung.nrw.de/lehrplaene/upload/klp_PS/ps_lp_sammelband_2021_08_02.pdf (Zugriff: April 2023). S. 11

4 Barth, Karlheinz (2020): Lernschwächen früh erkennen im Vorschul- und Grundschulalter. 7. Auflage. München: Ernst Reinhardt Verlag. S. 111

5 Ministerium für Familie Kinder Jugend Kultur und Sport des Landes Nordrhein-Westfalen/ Ministerium für Schule und Weiterbildung des Landes Nordrhein-Westfalen (Hg.) (2016): Bildungsgrundsätze: Grundsätze zur Bildungsförderung für Kinder von 0 bis 10 Jahren in Kindertagesbetreuung und Schulen im Primarbereich in Nordrhein-Westfalen. 2. Auflage. Freiburg im Breisgau: Herder. S. 94

D Das Spiel mit den Zahlen

In diesem Kapitel finden Sie differenzierte Ideen und Spiele zur Förderung von mathematischen Vorläuferfähigkeiten, über die Kinder verfügen müssen, um fachliche Kompetenzen im Mathematikunterricht erwerben zu können. Vorläuferfähigkeiten, die sich an den im Lehrplan Mathematik ausgewiesenen mathematischen Grundfertigkeiten orientieren:

- „Anzahlen bis 4 simultan erfassen,
- unstrukturierte Anzahlen durch Abzählen ermitteln,
- Mengen vergleichen (mehr, weniger, größer, kleiner, gleich), Mengeninvarianz,
- Eins-zu-Eins-Zuordnung,
- die Zahlenwortreihe bis 10 vorwärts aufsagen, den Richtungsbegriff rückwärts erkennen,
- räumliche Beziehungen benennen (u. a. oben, unten, vorne, hinten)“[6]

Zu Beginn der Schuleingangsphase verfügen die Schüler*innen über heterogene Kompetenzen der mathematischen Vorläuferfähigkeiten. So sind Würfelbilder bspw. noch nicht verinnerlicht, bzw. das Zählen bis 10 vorwärts und rückwärts lückenhaft. Die Inhalte des nachfolgenden Kapitels befassen sich daher mit den Förderbereichen:

- Ziffern erleben
- Mengen erleben
- Würfel-Spiele
- Zahlenraum 10 erforschen (mit Ideen zu den „Verliebten Zahlen“)
- Zahlenraum 20/100 erforschen

Der Begriff „Verliebte Zahlen“ wird hier für die Zehnerzerlegung verwendet (vgl. auch Partnerzahlen, Zehnerfreunde), um den Kindern ein bildhaftes, spielerisches Element an die Hand zu geben, welche Zahlen gemeinsam das Ergebnis 10 ergeben.

Die Bereiche „Rechnen mit Geld“ und „Einmaleins trainieren“ werden nur ansatzweise aufgegriffen, da der Arbeitsalltag zeigt, dass die Förderungen in der Regel einen verhältnismäßig geringen Anteil zum Schuljahresende einnehmen.

---

6 Ministerium für Schule und Bildung des Landes Nordrhein-Westfalen (2021): Lehrpläne für die Primarstufe in Nordrhein-Westfalen. Online: https://www.schulentwicklung.nrw.de/lehrplaene/upload/klp_PS/ps_lp_sammelband_2021_08_02.pdf (Zugriff: April 2023). S. 81

Förderung im Schulalltag 

Die innere oder äußere Differenzierung im Schulalltag erfordert ein hohes Maß an Flexibilität, um auf die individuellen Bedarfe der Schüler*innen und der zu verantwortenden Lehrkraft in der Förderung einzugehen und mit entsprechend variablen Materialien durchzuführen. Ziel der Förderung im Klassenverband sollte immer die Einbindung und Unterstützung in das allgemeine Unterrichtsgeschehen sein. Die Hervorhebung gezielter und regelmäßiger Hilfen für einzelne Schüler*innen sollte dabei so gering wie möglich gehalten werden, um eine „Zur-Schau-Stellung“ innerhalb der Klasse zu vermeiden.

Um Förderungen alltäglich einzurichten, kann ein Spiel oder Angebot durch Freiarbeitstheken, Freispielphasen oder den offenen Anfang in den Schulalltag integriert werden.
Im Rahmen der äußeren Differenzierung ist eine visuelle Kennzeichnung im Tagesplan (Symbol) für die Schüler*innen zur Orientierung zu empfehlen. Alle am Unterricht beteiligten Personen erkennen so feste Strukturen und Abläufe. Bei der Festlegung der Kennzeichnung von Fördereinheiten sind der Phantasie keine Grenzen gesetzt. So treffen sich die „Schnatterenten“ zur Wortschatzerweiterung oder die „flinken Finger“ zum Training der feinmotorischen Fähigkeiten. Allein schon der Name macht die Gruppen bei anderen Kindern der Klasse attraktiv und reizvoll.

Feste Abläufe und Strukturen, die Schüler*innen aus dem Unterrichtsalltag kennen, spielen auch für die gemeinsame Spiel- und Förderzeit eine wichtige Rolle.
Rituale bedeuten für die Kinder Struktur, Sicherheit und Verlässlichkeit, sowohl im Klassenverband als auch in der Kleingruppenarbeit oder Einzelförderung. Regelmäßig angebotene Elemente (wie z. B. Lernspiele), die augenscheinlich nichts mit den Aufgaben aus dem Unterricht zu tun haben, geben den Kindern die Möglichkeit Inhalte zu wiederholen und somit an ihren Herausforderungen zu wachsen.
So können Rituale besonders zu Beginn oder dem Ende jeder Einheit für den Förderbereich Wahrnehmung genutzt werden. Bspw. kann hierzu eine Dose mit verschiedenen Spielsymbolen genutzt werden, indem ein*e Schüler*in eine Karte aus der Dose zieht und dieses Spiel (oder Lied) dann zu Beginn der Einheit gespielt wird. Kinder wünschen sich diese wiederkehrenden Elemente, die einerseits die Motivation zu Beginn der Förderung erhöhen und andererseits gerade bei unsicheren Schüler*innen Sicherheit bietet. Die Lockerungsübungen im Spiel 18 (Seite 41 ff.) bilden eine beispielhafte Sammlung, die für einen spielerischen Einstieg in eine Motorikförderung genutzt werden könnten.

In diesem Kapitel finden Sie Ideen, den Schulalltag für Ihre Lerngruppen mitzugestalten. So sind in Absprache mit dem Lehrpersonal verschiedene Möglichkeiten der inneren Differenzierung möglich, die das Lernumfeld aller Schüler*innen einer Klasse bereichern.

E Förderung im Schulalltag

Das Kapitel gliedert sich in die Bereiche:

- Arbeitshilfen
- Klassenraum
- Ideen für die Pause (hier werden insbesondere Spiele für eine bewegte Regenpause aufgegriffen).

Die Vielfalt der Materialien 

Ihnen wird beim Durchblättern und -lesen unserer Angebote bestimmt auffallen, dass einige Materialien in unterschiedlichen Themenbereichen wiederholt in Erscheinung treten. Dies zeigt, wie unterschiedlich ein Material zum Einsatz kommen kann. Es bildet unseren Grundstock oder die Basis, von der aus wir flexibel und manchmal auch spontan in der Förderung agieren können. Es war uns ein Anliegen, dieses Buch alltagstauglich und realitätsnah zu halten, deshalb sind Materialien thematisch zu den einzelnen Angeboten geordnet und nicht gebündelt aufgeführt. Ein Fundus aus Bildkarten, Gymnastikreifen, Fliegenklatschen, Muggelsteine, Memorykarten, Glücksrad, Würfel, Klettpunkten u. v. m. wird Ihnen helfen, vielfältige Möglichkeiten im Schulalltag zu nutzen, um so individuell auf die Bedürfnisse und Kompetenzen der Schüler*innen einzugehen oder die Spiele auf den jeweiligen Förderbereich anzupassen.
Unsere Ideen sollen für Sie die Grundlage sein, auf der Sie kreativ und individuell aufbauen können, denn so heterogen unsere Schülerschaft ist, so bunt gemischt ist auch jede*r Einzelne von uns, die*der im Umfeld Schule arbeitet. Jede*r besitzt persönliche Vorlieben in der Handhabung bestimmter Materialien. Wir regen Sie dazu an, ebenso die Spielmaterialien der Förderboxen vielfältig einzusetzen.

In diesem Sinne wünschen wir Ihnen bereichernde Lern- und Spielimpulse!
Simone Hesse und Stefanie Kempkes

Los geht's ...

Teil B
Der Start in das Schulleben

1. Was ist verschwunden?

Material:

- Bildkarten
- Magnet
- Tafel

Fünf bis sechs Bildkarten werden mit den Schüler*innen zunächst benannt und anschließend an der Tafel befestigt. Die Bildkarten können vielfältig thematisch aufgegriffen werden. Die Schüler*innen haben nun einige Sekunden Zeit, um sich die Bilder zu merken, bevor sie ihre Augen schließen. In der ersten Runde wird nur eine Bildkarte von der Tafel entfernt. In weiteren Spielrunden können die Schüler*innen mitentscheiden, wie viele Bildkarten verschwinden sollen. Sobald eine Bildkarte von der Tafel verschwunden ist, dürfen die Schüler*innen ihre Augen wieder öffnen und mitraten, welches Bild verschwunden ist.

Quelle: nach Wilkening, Nina (2013): 80 schnelle Spiele für die DaZ- und Sprachförderung. Für Plenum, Kleingruppen und Freiarbeit. Mülheim an der Ruhr: Verlag an der Ruhr

Quelle Bildkarten: Bildkarten zur Sprachförderung. Anlaute erkennen: Konsonanten 2, Mülheim an der Ruhr: Verlag an der Ruhr

2. Klatsch das Bild

Material:

- Bildkarten
- Fliegenklatsche pro Mitspieler*in
- evtl. Tisch

Eine beliebige Anzahl an Bildkarten wird mit den Schüler*innen zunächst benannt und anschließend auf dem Tisch oder Boden verteilt. Die Bildkarten können vielfältig thematisch aufgegriffen werden. Falls auf dem Boden gespielt wird, sitzen die Schüler*innen im Kreis um die Bildkarten herum. Sofern die Bildkarten auf dem Tisch liegen, stellen sich die Schüler*innen um den Tisch. Jede*r Schüler*in erhält eine Fliegenklatsche. Und schon kann es losgehen: Sie benennen ein Bild und die Schüler*innen klatschen mit der Fliegenklatsche schnell auf die entsprechende Bildkarte. Wer am schnellsten war gewinnt die Bildkarte. Schwieriger wird es z. B., wenn Sie nur ein Detail auf der jeweiligen Bildkarte benennen (gemäß dem Spiel: „Ich sehe etwas, was du nicht siehst"). Das Spiel ist beendet, wenn alle Bildkarten benannt wurden. Sieger*in ist das Kind mit den meisten Bildkarten.

Quelle: nach Wilkening, Nina (2013): 80 schnelle Spiele für die DaZ- und Sprachforderung. Für Plenum, Kleingruppen und Freiarbeit. Mülheim an der Ruhr: Verlag an der Ruhr

Quelle Bildkarten: Ich packe meinen Koffer – Merkspiel, moses

3. Die liegende Acht

Um das Überkreuzen der Körpermitte ganzheitlich wahrzunehmen sowie die Auge-Hand-Koordination zu trainieren, bieten sich unterschiedliche Stationen an, bei denen die Schüler*innen spielerische Übungen durchführen:

Liegende Acht aus Holz

Material:

- Liegende Acht aus Holz
- Murmel
- Stoppuhr

Der*die Schüler*in nimmt die liegende Acht aus Holz vor dem Bauch in beide Hände und lässt die Murmel durch die Spurrillen rollen. Das Tempo muss mit Bedacht gewählt werden. Besonders motivierend ist es für die Schüler*innen, wenn ein Rekord aufgestellt wird. Die Zeit wird solange gemessen, bis die Murmel herunterfällt.

Liegende Acht an der Tafel

Material:

- Tafel
- farbige Kreide

An der Tafel ist eine große liegende Acht vorgezeichnet. Der*die Schüler*in spurt diese mit farbiger Kreide nach.

Liegende Acht im Sand

Material:

- Sandbecken

In einer mit Sand gefüllten Schale, zeichnet der*die Schüler*in die liegende Acht mit dem Zeigefinger in den Sand. Zur Unterstützung kann eine Karte mit einer abgebildeten liegenden Acht dazu gelegt werden.

Auto-Strecke

Material:

- 2 × großer Pappkarton
- Spielzeugauto

Auf einem großen Pappkarton wird die liegende Acht in Form einer Straße aufgezeichnet. Mit einem Spielzeugauto kann die Strecke nun nachgefahren werden.

Auf dem Seil spazieren

Material:

- Seile

Die liegende Acht wird aus Seilen auf den Boden gelegt. Der*die Schüler*in spaziert über das Seil.

Der Fuß spurt nach

Material:

- Pappkarton

Auf einem großen Pappkarton wird die liegende Acht aufgezeichnet. Der*die Schüler*in fährt zunächst mit der einen Fußspitze die liegende Acht nach und anschließend mit der anderen Fußspitze.

Quelle: nach Sowodniok, Brigitte (2007): Die Wahrnehmungsschule. 5. Auflage. Lichtenau: AOL Verlag

4. Holzstäbchen

Material:

- farbige Holzstäbchen
- Kartei: Muster legen mit Holzstäbchen

Die kostenlose Kartei (siehe Quelle) gibt unterschiedliche Muster vor, die die Schüler*innen mit den farbigen Holzstäbchen nachlegen müssen. So wird handlungsaktiv und spielerisch die Konzentration, Hand-Augen-Koordination, Feinmotorik und das räumliche Vorstellungsvermögen gefördert.

Quelle: nach Lindmüller, Michaela (o. J.): Muster legen mit Holzstäbchen. Online: https://materialwerkstatt-blog.de/wp-content/uploads/Materialwerkstatt-Download/Muster_legen_Holzstaebchen_Kartei.pdf (Zugriff: Juni 2022)

5. Wo steckst du?

Material:

- 3 gleichfarbige Becher
- Bild vom Klassenmaskottchen
- Tisch

In einem Becher wird zunächst auf den Grund ein Bild des Klassenmaskottchens geklebt. Nun werden die drei Becher mit der Öffnung nach unten auf dem Tisch (oder Boden) gestellt, alle Schüler*innen positionieren sich so, dass sie die Becher gut im Blick haben. Der Becher mit dem Bild des Klassenmaskottchens startet grundsätzlich in der Mitte. Einige Sekunden lang werden die Becher nun von Ihnen in ihrer Position vertauscht. Die Schüler*innen müssen den Becher mit dem Bild des Klassenmaskottchens dabei genau im Blick halten. Wer errät, wo sich der Becher mit dem Bild des Klassenmaskottchens nun befindet?

Quelle: Fonck, Stefanie (2018): Willkommen in der Schulkindbetreuung. 4. Auflage. Dortmund: *BORGMANN MEDIA*

6. Schlüssel König

Material:

- Schlüssel in unterschiedlichen Größen
- Kopien der Schlüssel

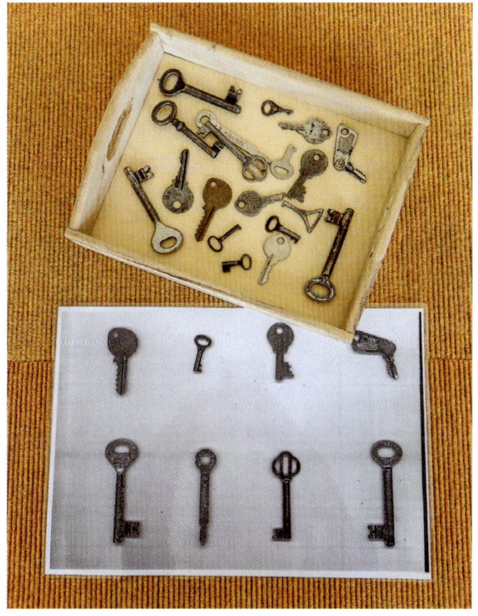

Die Schüler*innen können anhand vorliegender Kopien Schlüssel zuordnen. Dazu werden von den jeweilig zur Verfügung stehenden Schlüsseln Kopien angefertigt. Dieses Zuordnungsspiel wird durch unterschiedliche Formen und Größen der Schlüssel interessant. Beim Kopieren unbedingt darauf achten, dass mit 100 % kopiert wird, damit die Größen der Schlüssel exakt übereinander passen.

Quelle: nach Fröhlich, Helena (2021): Aktionstabletts. Kinder spielerisch fördern. Norderstedt: You-Venture! GmbH

7. Wer angelt die Fische?

Material:

- KV Wer angelt die Fische
- Strohhalme
- Gefäß oder Schale

Die Kopiervorlage (KV) mit den Fischen wird ausgedruckt und mit einem weiteren Blatt Papier verstärkt (oder direkt auf 180 g Papier kopiert) und ausgeschnitten. Jedes Kind erhält einen Strohhalm und die Fische werden auf dem Tisch verteilt. Die Fische sollen mit dem Strohhalm angesaugt und auf diesem Weg in ein Gefäß/eine Schale abgelegt werden. Je nachdem, wie groß oder klein der Fisch ist, bzw. wie weit das Gefäß entfernt ist, in dem es abgelegt wird, erhöht sich der Schwierigkeitsgrad der Übung.

Quelle: nach Fonck, Stefanie (2018): Willkommen in der Schulkindbetreuung. 4. Auflage. Dortmund: *BORGMANN MEDIA*

8. Von Groß zu klein

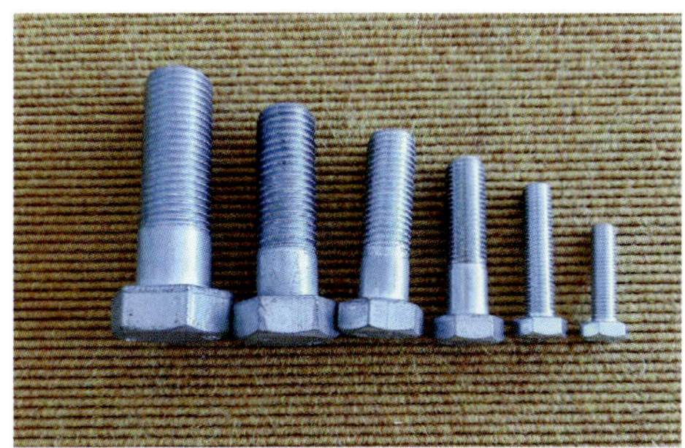

Material:
Gleiche Gegenstände in verschiedenen Größen, z. B.

- Stifte
- Schrauben/Muttern
- Figuren
- Radiergummis
- Murmeln

Die Gegenstände werden den Schüler*innen ungeordnet übergeben und sollen der Größe nach sortiert werden. Dies kann auch anhand von Bildern geschehen, auf denen die Gegenstände unterschiedlich groß abgebildet sind. Die Schüler*innen sollen auch kleinste Größenunterschiede erkennen und sortieren können.

Quelle: nach Faßbänder, Petra (2016): Vorschulideen auf dem Lern-Tablett serviert. Mühlheim an der Ruhr: Verlag an der Ruhr

9. Erbsen Transport

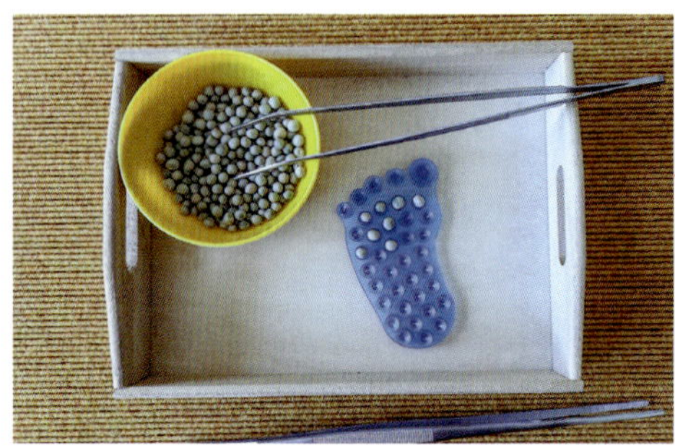

Material:

- Erbsen
- Seifenablagen/Antirutschpad mit Saugnäpfen
- Pinzetten

Die Schüler*innen erhalten je eine Schale mit Erbsen und eine Seifenablage mit Saugnäpfen. Nun haben sie die Aufgabe die Erbsen mit Hilfe der Pinzette auf die Saugnäpfe zu legen. Unterschiedlich große Pinzetten können den Reiz für die Kinder erhöhen.

Quelle: nach Org, Cristel/ Eggert, Melanie (2016): Pfiffige Ideen mit Montessori Tabletts. Aachen: Ökotopia Verlag

10. Kirschkernwanne

Material:

- Kirschkerne
- Kleine „Schätze"
- Wanne oder große Schüssel

In eine große Wanne oder Schüssel werden Kirschkerne gefüllt. Kirschkerne animieren dazu, mit beiden Händen hineinzugreifen und sie durch die Hände rieseln zu lassen. Werden kleine Schätze zwischen den Kirschkernen versteckt, können die Schüler*innen versuchen, diese zu finden. Werden unterschiedlich große Gegenstände zwischen den Kirschkernen platziert, erhöht sich der Reiz, alle zu finden. Die Lehrkraft kann zuvor mit den Schüler*innen vereinbaren, wie viele Dinge versteckt werden oder aber im Nachhinein vergleichen, wer wie viele gefunden hat.

Alternativ können natürlich auch Bohnen oder Linsen anstatt der Kirschkerne verwendet werden. Will man keine Naturmaterialien verwenden, gibt es Kunststoffbohnen im Handel zu kaufen.

Quelle: nach Org, Cristel/ Eggert, Melanie (2016): Pfiffige Ideen mit Montessori Tabletts. Aachen: Ökotopia Verlag

11. Tast-Memory

Material:

- Kerzentülle flach, Durchmesser 4–5 cm
- Material zum Bekleben der Kerzentüllen:
  Schmirgelpapier, Schwamm, Watte, Wellpappe, Federn, Samt, Noppenfolie, etc.
- Stoffsack oder Augenbinde

Die Kerzentüllen werden mit unterschiedlichen Materialien beklebt. Immer 2 gleiche, sodass Paare gefunden werden können.
Die Schüler*innen setzen entweder eine Augenbinde auf, um durch Ertasten gleiche Paare zu finden oder das Holzmemory befindet sich in einem Stoffsack, in den die Schüler*innen hineingreifen können. Dabei soll eine Hand im Säckchen suchen und die andere Hand ordnet die passende Holzscheibe zu.

Quelle: nach D., Miriam (2018): Fühlmemory. Online: instagram/foerderland (Zugriff: Juli 2023)

12. Tastbeutel

Material:

- Stoffbeutel mit 2 Kammern (s. KV Tastbeutel)
- Materialien 2-fach

Die Schüler*innen hängen sich den Tastbeutel um den Hals und greifen rechts und links in die Öffnungen. Nun versuchen sie gleiche Gegenstände zu finden.
Dies kann im Freispiel erfolgen, aber auch gezielt in Morgenrunden/ Besprechungen oder Förderungen eingesetzt werden.

Quelle: nach Feldmann, Doris (2015), Fortbildung: „Sinn-voll Lernen". Möglichkeiten spielerischer Sinnesschulung und Wahrnehmungsförderung. Verband Bildung und Erziehung NRW

13. Sieben sieben

Material:

- Vogelsand
- Wanne oder Schale für den Sand
- Kleines Gefäß für die „Schätze“
- Kleines Handsieb
- Löffel
- Gegenstände als Schatz

Die Schüler*innen halten das Sieb über ein leeres Gefäß. Nun leeren sie einen Löffel mit Sand über dem Sieb und bewegen das Sieb leicht, damit der Sand hindurchrieselt. Übrig bleiben die „Schätze“, die im Sand versteckt wurden. Je kleiner die Gegenstände, desto spannender für die Schüler*innen.

Quelle: nach Faßbender, Petra (2016): Vorschulideen auf dem Lern-Tablett serviert. 44 motivierende Fotokarten zum entdeckenden Lernen. Mühlheim an der Ruhr: Verlag an der Ruhr

14. Fingerpunkte tippen

Material:

- bunte Klebepunkte, Durchmesser: 8 mm
- Kartei mit Punktbildern

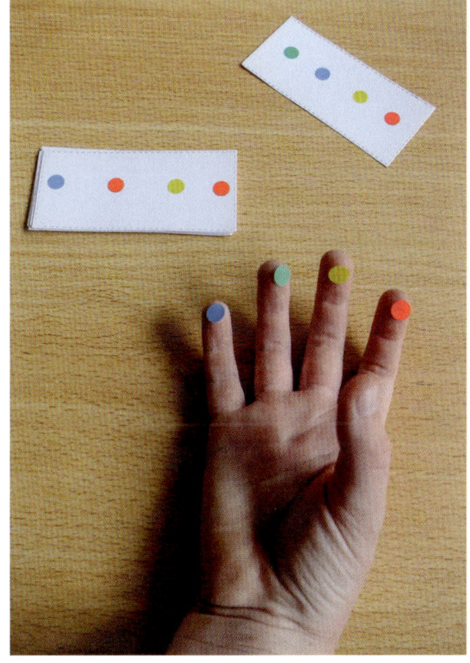

Fertigen Sie mit Hilfe der Ihnen zur Verfügung stehenden Klebepunkte eine Kartei mit je 4 farbigen Klebepunkten an.
Die Schüler*innen haben die Kartei mit Punktebildern vor sich liegen. Auf die Fingerkuppen einer Hand des Kindes klebt man die bunten Klebepunkte. Der Daumen bleibt frei. Die Punktekarten geben vor in welcher Reihenfolge der Daumen die Finger berühren soll. Dies variiert bei jeder Karte, sodass die Konzentration des Kindes geschult wird.
Je nach Schwierigkeitsgrad und Alter der Kinder werden die Klebepunkte identisch auf beide Hände geklebt, sodass die Daumen synchron arbeiten müssen.

Quelle: nach Scharf, Lisa (2022): Online: instagram/lernen_laeuft (Zugriff: Juni 2023)

15. Kommando Fingerle

Material:

- keins

Die Schüler*innen sitzen am Tisch und trommeln mit den Zeigefingern auf den Tisch. Ein*e Spieler*in darf jeweils das nächste Kommando geben, bei dem alle Kinder eine andere Bewegung machen müssen.

„Kommando Flach“: flache Hand liegt auf dem Tisch
„Kommando Faust“: beide Fäuste ruhen auf dem Tisch
„Kommando Hohl“: die Hände berühren nur mit den Fingerspitzen den Tisch und bilden eine Art Tunnel
„Kommando Ellenbogen“: Beide Ellenbogen ruhen auf dem Tisch
Natürlich sind den Bewegungen keinerlei Grenzen gesetzt. Die Kinder können sich auch andere Bewegungen überlegen, die mit den Mitschüler*innen abgesprochen werden.

Tipp:
Der Schwierigkeitsgrad wird erhöht, wenn die Schüler*innen nur die Bewegung machen sollen, dessen Kommando sie hören. Der*die Spieler*in, der*die das Kommando gibt, macht falsche Bewegungen und beobachtet, wer sich auf das Gehörte konzentrieren kann.

Quelle: nach Ebbert, Birgit (2010): Schulfähigkeit fördern. Lernauffälligkeiten erkennen – Basiskompetenzen stärken. München: Don Bosco Medien

16. Synchron malen

Material:

- KV Synchron malen in A4
- 2 Knöpfe (Geldstücke oder kleine Schraubdeckel)

Die KV Synchron malen wird ausgedruckt oder auf ein A4-Blatt rechts und links spiegelbildlich Linien eingezeichnet. Das Blatt liegt vor den Schüler*innen. Diese legen den Zeigefinger jeder Hand auf einen Knopf (oder anderen rutschfähigen Gegenstand) und bewegen beiden Hände synchron auf den vorgezeichneten Linien. Diese Übung kann in beide Richtungen durchgeführt werden, sodass die Bewegungen fließend sind.
Alternativ kann die KV auch auf A3 ausgedruckt werden.

Quelle: nach Schubert, Ines (2014): Praxisbuch Kopfgymnastik für Kinder: Mit kleinen Übungen aus der Kinesiologie das Gehirn aktivieren, Konzentration fördern, Denkblockaden lösen. Mülheim an der Ruhr: Verlag an der Ruhr.

17. Förderbox Wahrnehmung

Gesellschaftsspiele:

- Make'n'Break, Ravensburger
- Nanu?, Ravensburger
- Gruselino, Ravensburger
- RingLDing, Amigo
- Halli Galli, Amigo
- Speed Cups, Amigo
- Hexe, Tier ... wer fehlt denn hier?, Amigo
- Schau mal! Was ist anders?, Amigo
- Solche Strochle, Amigo
- Zicke Zacke Hühnerkacke, Zoch
- Alles Tomate, Zoch
- Rush Hour, ThinkFun
- Monsterjäger, Schmidt Spiele
- Robot Face Race, Learning Resources
- Dobble, Asmodee | Zygomatic
- Greif zu!, Haba
- Tempo Toni, beleduc
- Cubeez, Asmodee | Blue Orange

Wahrnehmungsspiele:

- Rückenmaler, Selecta
- Lego Muster erkennen und weiter führen 4 Grundfarben, Wunderwerkstatt
- Bärenfamilie – Musterkarten, Learning Resources
- Logico Piccolo Übungsbox Visuelle Wahrnehmung und Konzentration, Finken
- Tastsinn und Zuordnung I, Goula Jumbo
- Tricky Fingers, Betzold

Arbeitshilfen:

- Balance-Kissen für den Stuhl (Förderung der Körperwahrnehmung bei motorisch unruhigen Schüler*innen)
- Igelbälle/lange Igelbälle für die Hände

18. Lockerungsübungen

Um die feinmotorischen Kompetenzen der Schüler*innen zu fördern (insbesondere die Kraftdosierung und Fingerbeweglichkeit), folgen einige Angebote die sich zum einen hervorragend als bewegte Lockerungsübungen für zwischendurch eignen oder aber zum anderen zu Beginn einer Fördereinheit als spielerischen Einstieg genutzt werden können. In der Praxis empfehlen sich die Angebote visuell auf einer Karte abzubilden, so dass die Schüler*innen per Losverfahren ein Angebot wählen können.

Kreisel Tablett

Material:

- verschiedene Kreisel
- Tablett

Verschiedene Kreisel (in Form, Größe und Material) werden auf einem Tablett präsentiert. Der*die Schüler*in nimmt sich einen Kreisel und setzt ihn in Bewegung. Können alle Kreisel in Bewegung gebracht werden, ehe der erste wieder stillsteht?

Wir kreiseln um die Wette

Material:

- ein Kreisel pro Mitspieler*in
- evtl. Tisch

Jede*r Schüler*in erhält einen Kreisel und stellt sich um den Tisch. Nun wird die Spitze des Kreisels auf dem Tisch aufgestellt. Sie erteilen das Startzeichen und alle warten gespannt, welcher Kreisel sich am längsten dreht.

Klavier spielen

Material:

- Tisch
- Klaviermusik
- ausgedruckte und laminierte Klaviatur

Zur Lockerung der Finger können zwischendurch kurze Einheiten eingesetzt werden, bei dem die Schüler*innen zu Klavierspieler*innen werden. Sie starten hierzu Klaviermusik. Die Schüler*innen sitzen an ihrem Platz und stellen ihre Finger auf den Tisch und bewegen diese entsprechend der Musik auf den Tasten hin und her. Noch motivierender ist es, eine ausgedruckte und laminierte Klaviatur zur Verfügung zu stellen, so dass die Schüler*innen das Klavierspiel noch realistischer imitieren können.

Dreh den Stift

Material:

- zwei Stifte pro Schüler*in
- einen Faden

An den beiden Stiften wird jeweils in der Mitte ein Faden festgeknotet. Die Schüler*innen halten nun einen der beiden Stifte rechts und links mit Daumen und Zeigefinger fest. Der andere Stift hängt durch den Faden nach unten. Nun wickelt der obere Stift den Faden auf, so dass der andere Stift sich nach oben bewegt. Der

Schwierigkeitsgrad kann durch die Länge des Fadens bestimmt werden, zudem können die Schüler*innen angeregt werden, den Stift in die andere Richtung zu drehen.

Finger-Stretching

Material:

- kleine Haargummis

Jede*r Schüler*in erhält ein kleines Haargummi, welches nun an einem Finger der rechten Hand und einem Finger der linken Hand gespannt wird. Die Fingerkombinationen sind beliebig. Nun wird von 10 herunter gezählt und die Finger-Stretch-Übung mit dieser Fingerkombination ausgeführt. In der nächsten Runde werden andere Finger gewählt.

Lineal-Spiel

Material:

- Lineal (ca. 20 cm)
- Radiergummitierchen

Die Schüler*innen stellen sich in einer Reihe auf und lassen dabei etwas Abstand. Das erste Kind in der Reihe hält nun das Lineal in der Hand, auf das das Radiergummitierchen sitzt. Das Lineal wird nun so vorsichtig an das nächste Kind in der Reihe weitergereicht, ohne dass das Radiergummitierchen herunterfällt. Das Radiergummitierchen wandert auf diese Weise immer weiter, bis es am Ende der Reihe angelangt ist.

Stift-Transport

Material:

- pro Schüler*in zwei Stifte
- ein zusätzlicher Stift

Dieses Spiel ist vom Schwierigkeitsgrad anspruchsvoller als das Lineal-Spiel. Die Schüler*innen stellen sich in einer Reihe auf und lassen dabei etwas Abstand, in jeder Hand halten sie dabei einen Stift. Das erste Kind in der Reihe startet, indem es einen dritten Stift quer über die anderen beiden Stifte gelegt bekommt. Dieser dritte Stift wird nun vorsichtig auf die anderen beiden Stifte an das nächste Kind in der Reihe weitergereicht. Der dritte Stift wandert auf diese Weise immer weiter, bis es am Ende der Reihe angelangt ist und darf dabei natürlich nicht herunterfallen.

Handmassage

Material:

- ein kleiner Igelball pro Schüler*in

Zur taktilen Stimulation und Entspannung der Hände wird der Igelball zwischen den Handflächen gerollt. Zur Förderung der Fingerbeweglichkeit kann der Igelball ebenso über den Handrücken oder über die einzelnen Finger gerollt werden.

Quelle Kreisel Tablett: nach Carls, Gudrun/ Jacob, Ursula/ Pieler, Mechtild/ Reuter-Manß, Ulla/ Schaffert, Cornelia (2005): Basale Fähigkeiten. Materialien zum Sprachlernen. Berlin: Senatsverwaltung für Bildung, Jugend und Sport

Quelle Wettkreiseln: nach Ebbert, Birgit (2014): Die 50 besten Spiele für die Feinmotorik. München: Don Bosco

Quelle Klavier spielen: nach Frormann, Stephanie/ Krimphove, Silke (2011): Bewegter Unterricht – bewegte Pause. Übungen und Spiele für eine bewegte Grundschule. Buxtehude: AOL Verlag

Quelle Dreh den Stift: nach STABILO (2018): Übungsheft 1./2. Klasse Form – Leichter schreiben lernen

Quelle Finger Stretching: nach Henze, Birgit (2016): Aktivieren mit Handgymnastik. Übungen mit Alltagsgegenständen. Band 3. Hannover: Schlütersche Verlag

Quelle Lineal-Spiel: nach Mönning, Petra (2021): Kreative 5 Minuten: Feinmotorik. Hamburg: AOL Verlag

Quelle Stift-Transport: nach Stücke, Uta (1999):Konzentrationstraining im 1. und 2. Schuljahr. Ein systematisches Förderprogramm. Mühlheim an der Ruhr: Verlag an der Ruhr

Quelle Handmassage: nach Huber, Isabella/ Giezendanner, Claudia (2002): „Oh je, die Spitze ist abgebrochen!". Dortmund: verlag modernes lernen

19. Mikado Variationen

Orientiert an den Kompetenzen der Schüler*innen, können Mikado-Spiele mit unterschiedlichen Schwierigkeitsgraden eingesetzt werden.

Mikado im Dreischritt

Material:

- Zitternix, Haba
- Riesen-Mikado, (z. B. Betzold)
- Mikado-Spiel

Die leichteste Übung stellt das Spiel Zitternix von Haba dar, da die Mikado-Stäbe durch einen Ring gehalten werden. Die nächste anspruchsvollere Stufe wäre das Riesen-Mikado, da hier der Pinzettengriff und die Auge-Hand-Koordination schon mehr gefordert werden. Die herausforderndste feinmotorische Variante stellt ein herkömmliches Mikado-Spiel dar, denn hier ist schon großes Fingerspitzengefühl gefragt. Werden diese Varianten nacheinander angeboten, kann Schritt für Schritt die Feinmotorik gemäß dem Kompetenzniveau gefördert werden.

Strohhalm Labyrinth

Material:

- Strohhalme
- Besteckkorb mit Löchern

Die Strohhalme werden kreuz und quer durch den Besteckkorb gesteckt. Die Auge-Hand-Koordination wird gefördert durch die Bewegung durch den Korb und das Treffen der gegenüberliegenden Löcher. Interessant für die Kinder ist zu sehen, wie viele Strohhalme durch den Korb hindurchgesteckt werden können.

Quelle: unbekannt

Quelle Besteckkorb: Ikea ORDNING Besteckständer

20. Schwungübungen

Um die grapho- und feinmotorischen Kompetenzen der Schüler*innen zu fördern, bieten sich unterschiedliche Stationen an, bei denen sie spielerische Übungen durchführen, um die Stifthaltung und Kraftdosierung zu üben. Linienverläufe werden durch das differenzierte Material ganzheitlich wahrgenommen.

Auto-Parcours

Material:

- Malerkrepp
- Karton
- Spielzeugautos

Auf dem Boden oder Tisch kleben Sie in Zick-Zack Form den Malerkrepp auf. In der Mitte können Sie eine Fahrbahnmarkierungen aufzeichnen, so dass die Spielzeugautos wie auf einer Straße fahren können. Alternativ zeichnen Sie auf einen Karton die Straße als liegende Acht, so dass die Spielzeugautos kurvenreich flitzen können.

Sandbecken

Material:

- Sandbecken
- Muster-Karten

Die Schüler*innen können in einem Sandbecken die unterschiedlichen Muster (Kreis, Wellenlinien, Zick-Zack – welche auf den Karten abgebildet sind) mit ihrem Zeigefinger in den Sand zeichnen.

Zaubertafel

Material:

- Zaubertafeln

Auch auf der Zaubertafel können die unterschiedlichen Muster-Karten verwendet und aufgezeichnet werden.

Würfel-Frisur

Material:

- 2 Würfel mit Muster

Die kostenlose Vorlage (siehe Link bei den Quellen) für den Farben- und Formenwürfel sowie für den Clownskopf können für die spezielle Frisur des Clowns genutzt werden. Dazu muss mit beiden Würfeln gewürfelt werden. Mit der entsprechend gewürfelten Farbe und Form erhält der Clown nun seine kunterbunten Haare. So können die Schüler*innen kreativ und spielerisch gefördert werden.

Schnecken-Alarm

Material:

- Mein erstes Buch – Grapho-Schnecken

Das Übungsheft „Mein erstes Buch – Grapho-Schnecken" von Labbé (siehe Link bei den Quellen) fördert die graphomotorischen Kompetenzen der Schüler*innen, indem sie 18 unterschiedliche Muster in den Schneckenhäusern nachspuren müssen.

Schwungbänder und Zauberstäbe

Material:

- Schwungbänder
- Zauberstäbe

Mit dem Schwungband oder den Zauberstäben können grobmotorisch Wellen, Kreise und Zick-Zack Linie in die Luft gemalt werden. Durch das motivierende und ansprechende Material wird die ganzheitliche Motorik und Koordination gefördert.

Achtung Monster

Material:

- Whiteboard-Folie oder Magnettafel
- Saugnapf-Monster
- Non-permanente Stifte

Auf einer Whiteboard-Folie oder Magnettafel werden die Saugnapf-Monster gemäß eines Slaloms aufgebracht. Mit einem non-permanenten Stift müssen die Schüler*innen nun um die Monster herumfahren, selbstverständlich dürfen die kleinen Monster nicht berührt werden.

Quelle Auto-Parcours: nach Rüter, Martina (2015): Kinesiologische Übungen mit Kindern. Online: https://www.xn--martina-rter-llb.de/training-pcsoftware/kinder-foerdern_spiele/kinesiologische-uebungen-mit-kindern/ (Zugriff: Januar 2023)

Quelle Sandbecken: nach Bestle-Körfer Regina (2021): Projekte in der Kita Schulstart. 2. Auflage. Freiburg im Breisgau: Herder

Quelle Zaubertafel: unbekannt

Quelle Würfel-Frisur: nach Kindergartenblog (2022): Schwungübung Clown. Online: https://kindergartenblog.ch/2022/02/13/schwunguebung-clown/ (Zugriff: Januar 2023)

Quelle Schnecken-Alarm: Labbé (o. J.): Mein erstes Buch – Grapho-Schnecken PDF. Online: https://shop.labbe.de/mein-erstes-buch-grapho-schnecken-pdf?gclid=EAIaIQobChMIwcWGjbuw_AIVRYjVCh2_ygCeEAkYASABEgKXcfD_BwE (Zugriff: Januar 2023)

Quelle Schwungbänder und Zauberstäbe: nach Kohtz, Jutta (2022): Fortbildung: Geschickt, gezielt genau – Spielerische Angebote für die Handgeschicklichkeit

Quelle Achtung Monster: nach Jutta Vogelsang (o. J.): Buchstabenweg Übungen. Online: https://www.klassengezwitscher.ch/deutsch/ (Zugriff: Januar 2023)

21. Domino-Parcours

Material:

- viele Dominospielsteine
- ggf. Tapetenrolle
- ggf. Bunt-, Filz-, Wachsmalstifte

Die Schüler*innen bauen die Dominospielsteine mit Abstand zueinander zu einem Domino-Parcours auf. Dies fördert die feinmotorischen Kompetenzen, Konzentration, Auge-Hand-Koordination und sogar die Frustrationstoleranz, da die Schüler*innen mit Fingerspitzengefühl vorgehen müssen, um keinen Dominospielstein umfallen zu lassen. Der Kreativität und Zusammenarbeit der Schüler*innen beim Aufbau ist keine Grenze gesetzt. Sollte ein großer Domino-Parcours aufgebaut werden, sollte das „Umstoßen" feierlich zelebriert werden.

Variante zur Förderung der graphomotorischen Kompetenzen:
Auf einer Tapete bauen die Schüler*innen in Schlangenform die Dominospielsteine mit Abstand zueinander auf. Nun sollen sie mit einem Bunt-, Filz-, Wachsmalstift diesen so vorsichtig an beiden Seiten entlang fahren, so dass kein Dominospielstein dabei umfällt.

Quelle: unbekannt

22. Socken-Waschgang

Material:

- kleine gestrickte Socken (ggf. Puppensocken)
- Wäscheklammer pro Schüler*in

Jede*r Schüler*in erhält eine Wäscheklammer und stellt sich im Kreis auf. Dieser Kreis stellt die Waschtrommel dar. Nun geht der Waschgang los, ein Kind wählt eine „schmutzige Socke" aus und übergibt sie mit der Wäscheklammer an den Nachbar. Die Socke wird mit der Wäscheklammer immer übernommen und wiederum weiter gegeben (die Nutzung der Hände ist nicht erlaubt). Sobald die Socke jede*n Schüler*in passiert hat, ist die Socke sauber gewaschen und der Waschgang beendet. Doch beim nächsten Waschgang wird die Waschmaschine voll, denn nun werden zwei bis drei Socken gleichzeitig gesäubert und werden in der Runde zügig weitergegeben.

Quelle: nach Pauli, Sabine/ Kisch, Andrea (2008): Geschickte Hände. Feinmotorische Übungen für Kinder in spielerischer Form. 11. Auflage. Dortmund: verlag modernes lernen

23. Ab ins Tor

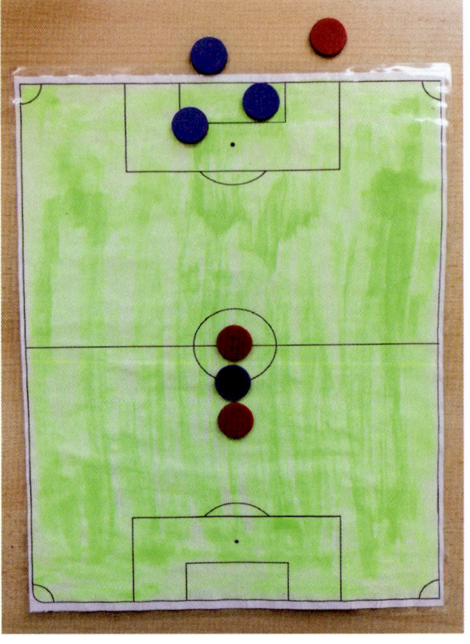

Material:

- laminiertes Fußballspielfeld in DIN-A3-Größe
- Wendeplättchen

Für diese Übung muss zunächst ein Fußballspielfeld vorbereitet werden. Der Deutsche Fußball-Bund bietet auf seiner Homepage eine kostenlose Vorlage für ein Spielfeld an (siehe Quelle). Diese Vorlage wird auf DIN A3 vergrößert und laminiert. Als Fußball wird ein Wendeplättchen genutzt und schon kann es losgehen. Der*die Schüler*in muss nun das Wendeplättchen nacheinander in Richtung Tor schnipsen. Am Ende der Übung wird gezählt, wie viele Wendeplättchen im Tor liegen.
Diese Übung fördert die Auge-Hand-Koordination und Kraftdosierung.

Quelle: nach Pauli, Sabine/ Kisch, Andrea (2008): Geschickte Hände. Feinmotorische Übungen für Kinder in spielerischer Form. 11. Auflage. Dortmund: verlag modernes lernen

Quelle Fußballfeld: Deutscher Fußball-Bund: Spielfeldvorlagen zum Eintragen. Online: https://www.dfb.de/fileadmin/_dfbdam/21101-03_Spielfeldvorlagen_a.pdf

24. Klammerschlange

Material:
- Büroklammern

In einer Schale werden die losen Büroklammern zur Verfügung gestellt. Die Büroklammern werden von den Schüler*innen aneinandergehängt und zu langen Schlangen geformt. Kann die Schlange so lang werden, wie ich groß bin? Auch das Lösen der Klammern voneinander ist eine gute Übung der Feinmotorik.

Quelle: nach Ganser, Bernd/ Tharandt, Karin/ Feder-Scheerbaum, Tanja (2012): Sicher zur Schulfähigkeit. Alle Vorläuferfähigkeiten in einem testen und gezielt fördern. Donauwörth: Auer Verlag

25. Pinzetten und Pipetten

Pinzetten benutzen

Material:

- Pinzette
- Kleine Gegenstände

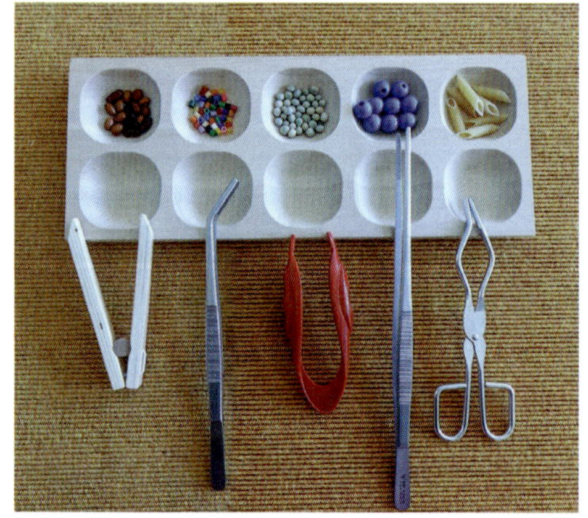

Die Schüler*innen können Gegenstände z. B. Bügelperlen mit einer Pinzette aus einem Gefäß in ein anderes Gefäß transportieren. Der Reiz erhöht sich, sobald der Transportweg verlängert wird.
Hier können auch verschiedene Pinzetten angeboten werden, damit die Kinder die Unterschiede in der Handhabung kennenlernen. Geduld, Geschicklichkeit und Kraftdosierung beim Transport werden geschult.

Der Weg ist das Ziel

Material:

- KV Der Weg ist das Ziel
- Pinzette
- Bügelperlen

Auf einem vorgezeichneten Labyrinth sollen die Kinder mit Hilfe der Pinzetten einen Weg mit Bügelperlen o. ä. zum Ziel legen.

Krantransport

Material:

- LEGO® Grundplatte + LEGO® Rundsteine
- Holzkugeln
- Pinzette

Auf einer LEGO® Grundplatte werden LEGO® Rundsteine montiert. Nun werden den Schüler*innen einige Perlen oder Kugeln in einer Schale zur Verfügung gestellt. Auf jeden Rundstein soll eine Kugel mit Hilfe einer Pinzette abgelegt werden.

Farbeimer füllen

Material:

- Pompons
- Pinzette
- Schalen in den Farben der Pompons

Bunte Pompons werden von den Schüler*innen mit Hilfe der Pinzetten in entsprechende Farbschalen zugeordnet.

Pipetten benutzen

Material:

- Pipette
- Papierhandtuch

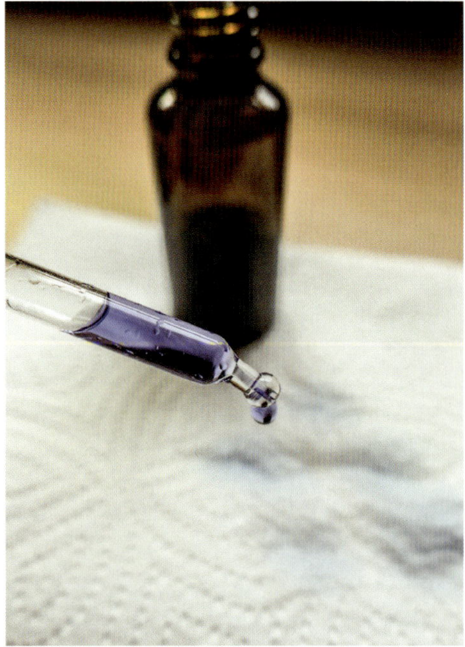

Die Pipetten laden dazu ein, Wassertropfen zu beobachten. Neben dem Druck, der aufgebracht werden muss, um die Pipette zu füllen, muss im Anschluss die Kraft dosiert werden, damit nur ein einzelner Tropfen aus der Pipette gelangt. Die Tropfen können auf einem Papierhandtuch abgelegt werden.

Tankerbefüllung

Material:

- LEGO® Grundplatte
- Pipette

Auf einer LEGO® Grundplatte oder Stein eignen sich die Mulden zum Befüllen mit Wasser. Das genaue Tropfen und eine gute Kraftdosierung ist hier gefragt.

Quelle Pinzetten benutzen: unbekannt

Quelle Der Weg ist das Ziel: nach Mönning, Petra (2022): Der Feinmotorik Trainer: Nadel, Faden Pinzette. Hamburg: AOL Verlag.

Quelle Krantransport: nach Herrmann, Sabrina/ Bothe, Manuela (2020): Entdeckerspiele mit Alltagsdingen. Wunderwerkstatt

Quelle Farbeimer füllen: nach Eriks, Thea (2021): 90 beliebte Aktionstabletts für Feinmotorik, Konzentration, Logik und Zahlen, Reflexe. Berlin: Edition Lernen Berlin

Quelle Pipetten benutzen: nach Fassbender, Petra (2016): Vorschulideen auf dem Lern-Tablett serviert. 44 motivierende Fotokarten zum entdeckenden Lernen. Mühlheim an der Ruhr: Verlag an der Ruhr

Quelle Tanker befüllen: nach Herrmann, Sabrina/ Bothe, Manuela (2020): Entdeckerspiele mit Alltagsdingen. Wunderwerkstatt

26. Drehen – Schrauben – Drücken – Binden

Die Fingergeschicklichkeit der Kinder ist enorm wichtig, um die feinmotorischen Fähigkeiten im Schreiblernprozess zu fördern. Durch das Anbieten von verschiedensten Möglichkeiten mit hohem Aufforderungs-charakter, üben die Kinder die Fingergeschicklichkeit (fast) nebenbei.

Wo ist meine Mutter?

Material:
- Schrauben und zugehörige Muttern in unterschiedlichen Größen
- Tablett oder Schalen

Die Schüler*innen sortieren die Schrauben den jeweils passenden Muttern zu und können diese aufschrauben. Das anschließende Abschrauben und das Wechseln der Hände von Mutter zu Schraube können zusätzlich animieren.

Schraub mich zu!

Material:
- 5–10 Cremedosen oder Gläser mit Deckeln in unterschiedlichen Größen

Die Schüler*innen finden die Gläser/Dosen geöffnet (ohne Deckel) auf dem Tisch. Die Deckel werden seitlich in einer Schale angeboten. Nun sollen zu allen Gläsern und Dosen die passenden Deckel gefunden und aufgeschraubt werden.

Die Raupe wächst!

Material:

- Filzplatte
- Knöpfe
- KV Die Raupe wächst

Ehe die Raupe wachsen kann, werden aus dem Filz der Kopf und die Raupenkörperglieder entsprechend der Schablone (KV Die Raupe wächst) ausgeschnitten. Die Augen und die Fühler werden angenäht oder geklebt. Nun wird am hinteren Teil des Kopfes ein Knopf angenäht. An jedes Körperglied wird nun ein Knopf angenäht und auf der gegenüberliegenden Seite ein Schlitz als Knopfloch geschnitten. Der Schlitz sollte dabei nicht zu nah am Rand sein, damit es nicht ausreißt.
Die Schüler*innen knöpfen die einzelnen Teile zu einem Raupenkörper zusammen und können die Raupe beim Wachsen beobachten. Zeitgleich gelingt das Schließen der eigenen Hose oder Jacke bestimmt schon bald viel besser.

Drück doch mal!

Material:

- Filzplatte (Tischsets)
- Bunte Filzkreise
- Druckknöpfe

Bevor das Spiel starten kann, werden auf einem Tischset Druckknöpfe angebracht. Dazu passend gibt es Kreise auf denen das jeweilige Gegenstück des Druckknopfes befestigt ist.
Die Kreise werden zu Beginn des Spiels abgeknöpft und separat angeboten. Die Schüler*innen können nun ein farbenfrohes Kreis-Bild gestalten.

Schleifenparty

Material:

- Ein Versandumschlag
- Ein Schnürsenkel

Sie schneiden mittig einen Schlitz in den vorderen Teil des Umschlags. Dieser sollte ca. 15 cm lang sein. Nun stanzen Sie mit dem Locher beidseitig regelmäßige Löcher entlang des Schlitzes. Der Schnürsenkel kann jetzt wie bei einem Schuh eingefädelt werden und an einem Ende als Schleife gebunden werde.

Quelle Wo ist meine Mutter?: nach Eriks, Thea (2021): 90 beliebte Aktionstabletts für Feinmotorik, Konzentration, Logik und Zahlen. Berlin: Reflexe Edition Lernen

Quelle Schraub mich zu: nach Faßbender, Petra (2016): Vorschulideen auf dem Lern-Tablett serviert. 44 motivierende Fotokarten zum entdeckenden Lernen. Mühlheim an der Ruhr: Verlag an der Ruhr

Quelle Die Raupe wächst: nach Org, Christel/Eggert, Melanie (2016): Pfiffige Ideen mit dem Montessori-Tabletts. Aachen: Ökotopia Verlag

Quelle Drück doch mal!: Unbekannt

Quelle Schleifenparty: nach Eriks, Thea (2021): 90 beliebte Aktionstabletts für Feinmotorik, Konzentration, Logik und Zahlen. Berlin: Reflexe Edition Lernen

27. Hexentrank

Material:

- Wein- oder Sektglas
- Wasser

Das Wein- oder Sektglas wird mit Wasser gefüllt. Die Schüler*innen sitzen im Kreis und sollen den Hexentrank annehmen und weiterreichen. Je voller das Glas dabei ist, umso vorsichtiger sind die Kinder in der Regel damit. Man kann es entweder mit beiden Händen annehmen und weiterreichen, oder auch nur mit einer.
Bei dieser Übung kommen die Kinder gut zur Ruhe, weil niemand etwas verschütten will.

Tipp:
Anstatt eines Glases mit Wasser kann auch eine Klangkugel oder einem Glöckchen herumgereicht werden. Diese darf durch die Bewegung keinen Ton von sich geben. Eine ruhige, konzentrierte Vorgehensweise ist dabei nötig.

Quelle: nach Fonck, Stefanie (2018): Willkommen in der Schulkindbetreuung. 4. Auflage. Dortmund: *BORGMANN MEDIA*

28. Tennisball füttern

Material:

- Tennisball
- Teppichmesser
- Edding
- Muggelsteine

Schneiden Sie mit Hilfe eines Teppichmessers einen Schlitz in den Tennisball. Dies soll den Mund darstellen. Daher malen Sie nun über den Mund zwei Augen, so dass ein schemenhaftes Gesicht entsteht. (Um den Mund evtl. eine rote Linie als Lippen zeichnen.)
Unser kleiner „Tennisball Freund" hat immer einen sehr großen Appetit und möchte daher von den Schüler*innen gefüttert werden. Durch seitliches Drücken des Tennisballes öffnet sich das „Maul" und der Ball kann mit den Muggelsteinen gefüttert werden. Hier wird insbesondere die Muskulatur und Kraftdosierung gefördert.

Quelle: Fonck, Stefanie (2018): Willkommen in der Schulkindbetreuung. 4. Auflage. Dortmund: *BORGMANN MEDIA*

29. Scheren Akrobat

Material:

- KV Scheren Akrobat
- 1–2 cm Papierstreifen in versch. Farben
- Scheren für Rechts- und Linkshänder
- Kleber

Die Schüler*innen nehmen sich Papierstreifen und schneiden Dreiecke oder Vierecke in unterschiedlichen Größen aus. Im Anschluss ordnen sie die Dreiecke (oder Vierecke) zu einem Chamäleon an und kleben sie auf die Kopiervorlage auf. Zum Schluss bekommt das Chamäleon noch ein rundes Auge. Durch die Verwendung unterschiedlicher Farben entstehen bei den Tieren sehr individuelle Ergebnisse.

Tipp:
Als Papierstreifen eignet sich auch Zeitung gut. Diese wird mit Wasserfarben eingefärbt und anschließend in Streifen geschnitten. Wenn die Kopiervorlage zuvor ausgeschnitten und auf dunkles Untergrundpapier geklebt wird, kommen die Tiere gut zur Geltung.

Quelle: nach Klink, Gabriele (2019): Schneiden, Falten & Kleben. 66 Bastelaufgaben zur Förderung der Feinmotorik im Anfangsunterricht. Hamburg: PERSEN Verlag

30. Förderbox Feinmotorik

Gesellschaftsspiele:

- Tier auf Tier, Haba
- Mucks Mäuschen Still, Haba
- Zitternix, Haba
- Riesen Mikado, Betzold
- Mikado Spiel
- Geisterturm, small foot
- Jenga, Hasbro
- Stapelmännchen, Ravensburger
- Packesel, goki
- Balancierturm, goki
- Domino Run Basic, Noris oder Domino-Rallye, goki
- Hämmerchenspiel
- Graphomotorik-Set, Wehrfritz und Betzold

Kreative Materialien:

- Der Scheren Führerschein, Persen
- „Ausschneiden und Kleben" – Heftchen, www.ideenreise-blog.de
- Erstes Schneiden, Labbé
- Mein erstes Buch. Schreibmotorik, Labbé
- Bügelperlen stecken
- Mandalas ausmalen
- Die kleine Knetkartei, www.zaubereinmaleins.de
- Sticken ohne Nadel, Ravensburger

31. Reime-Roulette

Material:

- Gymnastikreifen
- Bildkarten
- Murmel

Der Gymnastikreifen liegt auf dem Boden, die Reimwörter-Bildkarten werden an der Innenseite des Reifens platziert. Die Schüler*innen sitzen um den Gymnastikreifen herum. Zunächst wird der entsprechende Reim zu der Reim-Bildkarte besprochen. Die Murmel wird nun von Ihnen am Innenrand des Gymnastikreifens angestoßen, so dass sie an der Innenseite des Reifens entlang rollt. Wer kann nun den passenden Reim zur Bildkarte nennen, bei der die Murmel stehen geblieben ist? Der*die Schüler*in der*die den richtigen Reim genannt hat, gewinnt die Bildkarte und darf als Nächste*r die Murmel anstoßen.

Tipp:
Kostenlose Reimwörter-Bildkarten sind beim Klett Verlag auf dem Grundschul-Blog unter dem Link: www.grundschul-blog.de/phonologische-bewusstheit-ueben-teil-1-reime/ erhältlich.

Quelle: nach Jungmann, Tanja/ Morawiak, Ulrike/ Meindl, Marlene (2018): Überall steckt Sprache drin. Alltagsintegrierte Sprach- und Literacy-Förderung für 3- bis 6-jährige Kinder. 2. Auflage. München: Ernst Reinhardt Verlag

Quelle Bildkarten: Reime (Bildkarten zur Sprachförderung), Verlag an der Ruhr

32. Spiele mit Reimwörtern

Material für alle Memory-Varianten:

- Reimwörter-Bildkarten (siehe Quelle)

Reim-Memory spielen in der Partnerarbeit

Die ausgedruckten Reimwörter-Bildkarten werden gemischt und verdeckt auf den Tisch oder Boden gelegt. Zwei Schüler*innen spielen gegeneinander und dürfen abwechselnd immer zwei Karten aufdecken. Dabei soll das Wort immer laut ausgesprochen und dabei überprüft werden, ob es sich um einen Reim handelt. Ist ein Reim gefunden, darf sich der*die Schüler*in diese beiden Karten nehmen und nochmals zwei Bildkarten aufdecken.

Bewegtes Reim-Memory

zusätzliches Material:

- Slalom Hütchen

Die Schüler*innen stellen sich hintereinander auf. Vor der Reihe liegt verdeckt der eine Teil der ausgedruckten Reimwörter-Bildkarten auf einem Stapel. Der andere Teil der Bildkarten mit den passenden Reimwörtern liegt am anderen Ende des Raumes verteilt auf dem Boden (auch mit dem Bild nach unten). Zwischen den Bildkarten wird ein Slalom aufgebaut. Das erste Kind in der Reihe deckt nun die oberste Karte vom Stapel auf, läuft um die Hütchen herum zur anderen Seite und deckt auch dort eine Bildkarte auf. Ist dies der passende Reim, darf das Pärchen behalten werden. Falls die Bildkarte nicht die richtige ist, wird sie wieder umgedreht. Das Spiel endet, wenn alle Reim-Pärchen gefunden wurden.

Reime-Detektive

Ein*e Schüler*in darf als Reime-Detektiv*in den Raum verlassen. Die anderen Schüler*innen ziehen jeweils eine Reimwörter-Bildkarte, halten das Motiv in Richtung ihres Bauches und verteilen sich im Raum. Der*die Reime-Detektiv*in wird wieder in den Raum gebeten und versucht nun die Reim-Pärchen zu finden, indem es immer bei zwei Mitschüler*innen auf die Bildkarte tippt. Dadurch werden die Reim-Motive sichtbar. Hat der*die Reime-Detektiv*in ein entsprechendes Reimpaar aufgedeckt, setzen sich die Mitschüler*innen wieder auf ihren Sitzplatz. Das Spiel endet, wenn der*die Reime-Detektiv*in alle Reim-Pärchen gefunden hat.

Quelle Reim-Memory Partnerarbeit: nach Daub, Carmen Elisabeth (2019): Phonologische Bewusstheit – was ist das und warum trainieren? Online: https://grundschul-blog.de/phonologische-bewusstheit-ueben-teil-1-reime/ (Zugriff: Januar 2023)

Quelle bewegtes Reim-Memory: nach Stadt Nürnberg – Jugendamt (2008): Phono-logisch – Hand in Hand. Handlungsempfehlungen aus der Praxis – für die Praxis. Sprachliche Bildung in Kindertageseinrichtungen. 2. Auflage

Quelle Reime-Detektive: nach Jungmann, Tanja/ Morawiak, Ulrike/ Meindl, Marlene (2018): Überall steckt Sprache drin. Alltagsintegrierte Sprach- und Literacy-Förderung für 3- bis 6-jährige Kinder. 2. Auflage. München: Ernst Reinhardt Verlag

33. Reimwörter-Bingo

Material:

- Reimwörter-Bildkarten
- KV 9er-Feld Spiele
- viele Muggelsteine

Zunächst müssen die Bingo-Spielfelder erstellt werden, indem in einem 9er Raster die unterschiedlichen Reimwörter-Bildkarten (siehe Quelle) geklebt werden. Die Schüler*innen erhalten jeweils ein Bingo-Spielfeld und legen es vor sich. Zudem bekommt jede*r Schüler*in vier Muggelsteine. Eine Bildkarte wird von Ihnen gezeigt und benannt, die Schüler*innen suchen auf ihrem Bingo-Spielfeld das Reimwort und markieren es mit einem Muggelstein. Wer zuerst vier Muggelsteine in einer Reihe hat, ruft „Bingo“!

Quelle: nach Rordorf, Bettina (o. J.): Phonologische Bewusstheit. Reime und Laute. Kleine Spielsammlung. Büren: MaToBe-Verlag

Quelle Reimwörter-Bildkarten: Ernst Klett Verlag GmbH (2019): Phonologische Bewusstheit trainieren – Teil 1: Reime. Online: www.grundschul-blog.de/phonologische-bewusstheit-ueben-teil-1-reime/ (Zugriff: März 2023)

34. Reimwörter-Glücksrad

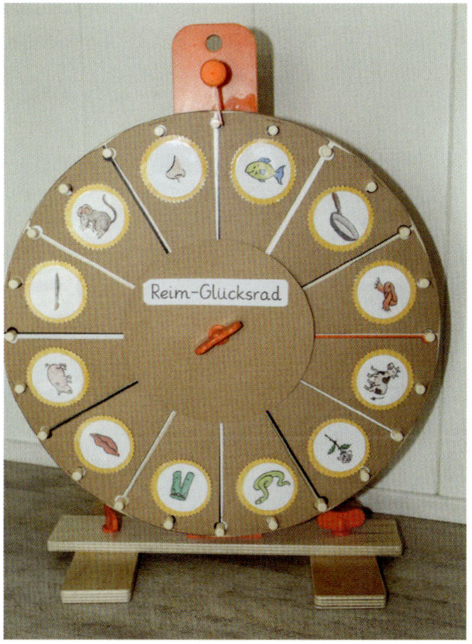

Material:

- Reimwörter-Bildkarten
- Glücksrad

Zunächst muss das Glücksrad vorbereitet werden. Auf den Blogs www.materialwiese.de und www.laviedevalentine.ch stellen die Bloggerinnen freundlicherweise eine kostenlose Vorlage für einen neutralen Hintergrund für das Glücksrad zur Verfügung. Wenn auch die Reimwörter aufgeklebt wurden (siehe Quelle), kann das Reimwörter-Glücksrad schon starten. Ein*e Schüler*in darf das Glücksrad drehen und das Reimwort (bei dem das Glücksrad gestoppt hat) nennen. Die Mitspieler*innen dürfen sich nun melden, um einen passenden Reim zu sagen. Wurde ein Reim-Pärchen gefunden, darf der*die entsprechende Mitschüler*in als nächstes das Reimwörter-Glücksrad drehen.

Quelle: nach Anonymus (2019): Glücksrad Anfangsunterricht Deutsch. Online: instagram/giraffes_love_school (Zugriff: März 2023)

Quelle Reimwörter-Bildkarten: Ernst Klett Verlag GmbH (2019): Phonologische Bewusstheit trainieren – Teil 1: Reime. Online: www.grundschul-blog.de/phonologische-bewusstheit-ueben-teil-1-reime/ (Zugriff: März 2023)

Quelle Glücksrad: Ikea LUSTIGT Drehscheibenspiel

35. Reimwörter-Flaschen drehen

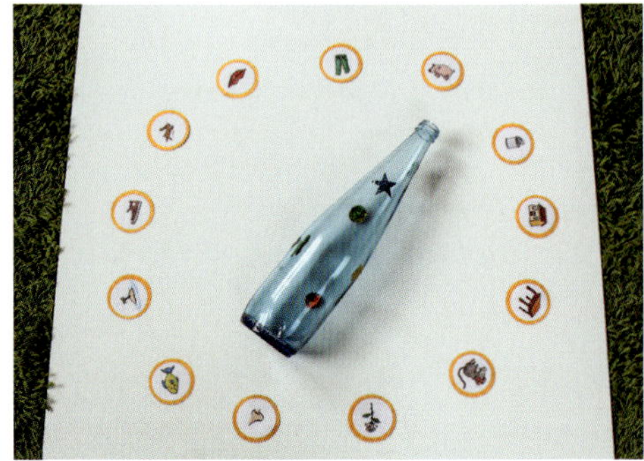

Material:

- Reimwörter-Bildkarten
- Flasche

Um die Flasche herum werden einige der ausgedruckten Reimwörter-Bildkarten im Kreis verteilt. Ein*e Schüler*in darf starten und die Flasche drehen. Nun muss es schnell gehen, denn dreht sich die Flasche nicht mehr, muss rasch das passende Reimwort zu der Bildkarte gefunden werden, auf die die Flasche zeigt. Der*die Schüler*in mit der schnellsten Antwort, darf nun die Flasche drehen.

Quelle: nach Monschein, Maria (2018): Laute spüren – Reime rühren. Spiele zur phonologischen Bewusstheit. 9. Auflage. München: Don Bosco

Quelle Reimwörter-Bildkarten: Ernst Klett Verlag GmbH (2019): Phonologische Bewusstheit trainieren – Teil 1: Reime. Online: www.grundschul-blog.de/phonologische-bewusstheit-ueben-teil-1-reime/

36. Klatsch den Reim

Material:

- Reim-Bildkarten
- Fliegenklatsche pro Mitspieler*in
- evtl. Tisch

Als Erstes werden die Reime mit den Schüler*innen besprochen. Von zwei passenden Reim-Bildkarten wird nur eine Karte auf dem Tisch oder Boden verteilt. Falls auf dem Boden gespielt wird, sitzen die Schüler*innen im Kreis um die Bildkarten herum. Sofern die Bildkarten auf dem Tisch liegen, stellen sich die Schüler*innen um den Tisch. Jede*r Schüler*in erhält eine Fliegenklatsche. Und schon kann es losgehen: Sie benennen den ersten Reim und die Schüler*innen klatschen mit der Fliegenklatsche schnell auf die passende Reim-Bildkarte. Wer am schnellsten war, gewinnt das Reim-Pärchen. Das Spiel ist beendet, wenn alle Reime benannt wurden. Sieger*in ist das Kind mit den meisten Reim-Pärchen.

Quelle: nach Pichler, Sandra (2021): Spielideen für Schulanfänger zum Lesen Lernen. Online: https://waswirspielen.com/2021/07/21/spielideen-fuer-schulanfaenger-zum-lesen-lernen/ (Zugriff: März 2023)

37. Klettmappe Reime

Material:

- Papierhefter
- Klettpunkte
- KV Klettmappe Reime

Die Papierhefter werden mit der KV Reime und Klettpunkte beklebt (s. Foto). Passend dazu werden Bildkarten bereit gelegt.
Die Schüler*innen können mit der Klettmappe Reime zuordnen und sie an entsprechender Stelle anheften. Zur Selbstkontrolle kann die Lösung auf der Rückseite der Mappe befestigt werden.

Tipp:
Es gibt Klettmappen zu vielen verschiedenen Themenbereichen. Viele Vorlagen und Ideen findet man unter der Bezeichnung „strukturierte Arbeitsmappen" im Internet.

Quelle: nach Solzbacher, Heike (2011): Von der Dose bis zur Arbeitsmappe. Ideen und Anregungen für strukturierte Beschäftigungen in Anlehnung an den TEACCH-Ansatz. Dortmund: *BORGMANN MEDIA*

Quelle Bildkarten: Klett: Online: https://grundschul-blog.de/phonologische-bewusstheit-ueben-teil-1-reime/ (Zugriff: Juli 2023)

38. Bring was mit!

Material:

- Gegenstände, die sich reimen

Die Schüler*innen bekommen den Auftrag, im Klassenraum oder zu Hause Gegenstände zu suchen, die sich reimen und bringen diese mit in die Schule. Gemeinsam überlegt die Gruppe im Sitzkreis dann, um welche Reime es sich handeln könnte.

Tipp:
Die Reimpaare können fotografiert und im Klassenraum aufgehängt werden. Auch auf den Fluren ist es für Kinder höherer Klassen ein interessantes Rätsel, die Reimpaare zu benennen.

Quelle: nach Forster, Maria/ Matschinke, Sabine (2012): Leichter lesen und schreiben lernen mit der Hexe Susi. Übungen und Spiele zur Förderung der phonologischen Bewusstheit. Donauwörth: Auer Verlag

39. Silben-Ecken-Lauf

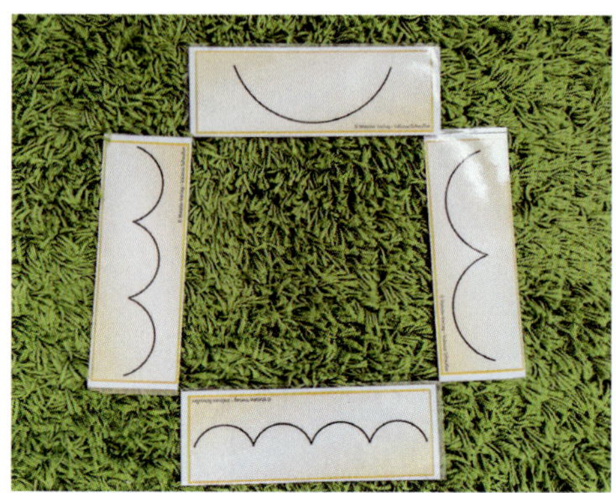

Material:

- Karten mit 1–4 Silbenbögen

Allen Schüler*innen wird erläutert, dass die Ecken des Raumes nun für die Wörter mit entweder einer, zwei, drei oder vier Silben vorgesehen sind und die entsprechenden Silbenbögen gezeigt (diese wurden zuvor bereits aufgehangen). Das Spiel startet gemeinschaftlich in der Mitte des Raumes. Sie nennen das erste Wort deutlich wie z. B. der Salat. Die Schüler*innen überlegen wie viele Silben das Wort hat und gehen zu der Ecke mit den zwei Silbenbögen. Haben sich alle Schüler*innen für eine Ecke entschieden schwingen sie alle gemeinsam das Wort um zu überprüfen, ob die richtige Silben-Ecke gefunden wurde. Dann treffen sich alle wieder in der Mitte und weitere Wörter können genannt werden.

Quelle: nach Lange, Anke/ Herzig, Sabine (2008): 111 Ideen für das 1. Schuljahr. Vom ersten Schultag bis zum letzten Buchstabenfest. Mülheim an der Ruhr: Verlag an der Ruhr

Quelle Silbenbögen: Scheufler, Valessa: Anlaut- und Silben-Box. MaToBe Verlag

40. Der Silben-Schatz

Material:

- Kinder memory® (Ravensburger)
- Muggelsteine

Die Memorykarten werden verdeckt in einem Kreis ausgelegt. In der Mitte des Kreises liegen als Schatz die Muggelsteine. Nacheinander dürfen die Schüler*innen nun eine Memorykarte aufdecken und zunächst das Wort nennen. Um an den Schatz zu gelangen, muss das Wort nun in Silben zerlegt werden. Wurde bspw. die Tomate aufgedeckt, darf der*die Schüler*in sich für drei Silben drei Muggelsteine nehmen. Am Ende des Spiels wird ermittelt, wer die meisten Muggelsteine ergattert hat.

Quelle: nach Burkhardt, Daniela (2020): Klatsch dir einen Schatz. Online: instagram/_wortreich_ (Zugriff: Januar 2023)

41. Wie viele Reifen darfst du hüpfen?

Material:

- vier Gymnastikreifen

Die Gymnastikreifen werden eng hintereinander auf den Boden gelegt. Die Schüler*innen stellen sich dahinter in einer Reihe auf. Sie nennen nun für das erste Kind ein Wort mit entweder einer, zwei, drei oder vier Silben. Der*die Schüler*in hüpft nun in so viele Reifen, wie das Wort Silben hat. Gemeinsam wird das Wort noch einmal laut geschwungen und somit die Silbenanzahl kontrolliert. Danach darf das Kind für das nächste Kind in der Reihe ein Wort nennen.

Tipp:
Die Schüler*innen können zu Beginn des Spiels auch ihre Vornamen hüpfen.

Quelle: nach Krimphove, Silke/ Frormann, Stephanie (2011): Bewegter Unterricht – bewegte Pause. Übungen und Spiele für eine bewegte Grundschule. Buxtehude: AOL-Verlag

42. Hexe, Hexe, was kochst du heute?

Material:

- keins

Ein*e Schüler*in wird als Spielhexe bestimmt und stellt sich auf die eine Seite des Raumes, auf der anderen Seiten stellen sich die Mitschüler*innen nebeneinander auf. Nun fragen sie die Spielhexe gemeinschaftlich: „Hexe, Hexe, was kochst du heute?“ Die Spielhexe antwortet mit einer Zutat für ihr Hexengericht wie z. B. „Froschaugen“. Die Mitschüler*innen sprechen die genannte Zutat nun laut nach und schreiten dabei gleichzeitig für jede Silben entsprechend einen Schritt in Richtung Spielhexe. Ist die Antwort der Spielhexe allerdings „Gift“ versucht sie ihre Mitschüler*innen sofort zu fangen, während diese versuchen die Seite der Spielhexe zu erreichen. Wird dabei jemand gefangen, ist dieses Kind in der nächsten Runde die Spielhexe.

Quelle: nach Monschein, Maria (2018): Laute spüren – Reime rühren. Spiele zur phonologischen Bewusstheit. 9. Auflage. München: Don Bosco

43. Rettet das Klassenmaskottchen

Material:

- Klassenmaskottchen
- Drahtkorb
- Schaumstoff Sitzmatten
- Bildkarten

Das Klassenmaskottchen ist in eine missliche Lage geraten und sitzt leider eingesperrt unter dem Korb. Um es zu befreien, müssen zwei Teams gebildet werden. Die Schüler*innen stellen sich in ihrem Team hintereinander auf, vor ihnen liegt je ein Stapel mit Bildkarten und einige Schaumstoff Sitzmatten die als Weg zu dem eingesperrten Klassenmaskottchen führen. Nacheinander wird die oberste Karte umgedreht und das Wort in Silben genannt. Für jede Silbe, darf der*die Schüler*in einen Schritt über die Schaumstoff Sitzmatten gehen, um schnell zum Klassenmaskottchen zu gelangen. Das Team, das als erstes die meisten Silbenschritte gegangen und beim Klassenmaskottchen angekommen ist, darf es befreien.

Quelle: nach Burkhardt, Daniela (2020): Rettet Rudi! Online: instagram/_wortreich_ (Zugriff: Januar 2023)

44. Klatsch auf den Silbenbogen

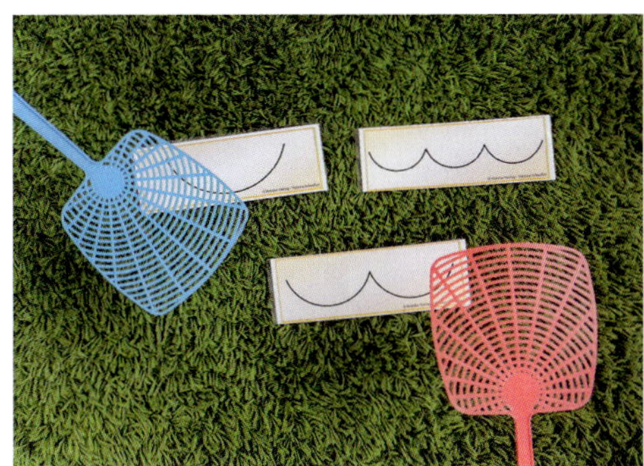

Material:

- Karten mit einem, zwei oder drei Silbenbögen
- Fliegenklatsche pro Mitspieler*in
- Muggelsteine
- evtl. Tisch

Die Karte mit einem Silbenbogen sowie die Karten mit zwei oder drei Silbenbögen werden auf dem Tisch oder Boden verteilt. Falls auf dem Boden gespielt wird, sitzen die Schüler*innen im Kreis um die Karten herum. Sofern die Silbenbögen auf dem Tisch liegen, stellen sich die Schüler*innen um den Tisch. Jede*r Schüler*in erhält eine Fliegenklatsche. Und schon kann es losgehen: Sie nennen ein Wort mit einer Silbe oder zwei/ drei Silben und die Schüler*innen klatschen mit der Fliegenklatsche schnell auf den entsprechende Silbenbogen. Wer am schnellsten war gewinnt einen Muggelstein. Die Wörter können von Ihnen vielfältig thematisch aufgegriffen werden. Sieger*in ist das Kind mit den meisten Muggelsteinen.

Quelle: nach Keseberg, Sabrina (2020): Silbenlesespiele mit Silbenkarten. Online: https://www.grundschulatelier.de/Silbenlesespiele-Silbenkarten (Zugriff: März 2023)

Quelle Silbenbögen: Scheufler, Valessa: Anlaut- und Silben-Box. MaToBe Verlag

45. Silben-Bingo

Material:

- Silben-Bingo Spielplan
- Spielfiguren
- Würfel
- Muggelsteine

Die kostenlosen Bingo-Spielpläne (siehe Quelle) werden vorbereitet. Zwei Schüler*innen erhalten ein Silben-Bingo und legen es vor sich, sie einigen sich zudem auf eine Farbe der Silbenbögen-Kästchen. Die Spielfiguren werden auf das Startfeld positioniert. Nacheinander würfeln die Kinder und setzen ihre Spielfigur im Uhrzeigersinn und entsprechend der Würfelzahl auf den Spielplan vor. Das erwürfelte Wort wird deutlich gesprochen und geschwungen. Wurde dabei eine Silbe geschwungen, darf ein Muggelstein auf das Feld mit einem Silbenbogen gelegt werden. Wurden zwei Silben geschwungen, darf ein Muggelstein auf das Feld mit zwei Silbenbögen gelegt werden und wurden drei Silben geschwungen, wird das Feld mit drei Silbenbögen mit einem Muggelstein belegt. Wer zuerst vier Muggelsteine in einer Reihe hat, ruft „Bingo"!

Quelle: nach Düwel, Anna (2020): Spielpläne Silben-Bingo. Online: https://fraulocke-grundschultante.de/2020/09/spielplaene-silben-bingo/ (Zugriff: März 2023)

46. Silben-Roulette

Material:

- Gymnastikreifen
- Murmel
- Bildkarten

Der Gymnastikreifen liegt auf dem Boden, die Bildkarten werden an der Innenseite des Reifens platziert. Die Schüler*innen sitzen um den Gymnastikreifen herum. Zunächst werden die Bilder mit dem entsprechenden Wort besprochen. Die Murmel wird nun von Ihnen am Innenrand des Gymnastikreifens angestoßen, so dass sie an der Innenseite des Reifens entlang rollt. Wer kann nun die Silbenbögen schwingen, bei der die Murmel stehen geblieben ist? Dieses Kind darf nun als Nächste*r die Murmel anstoßen.

Quelle: nach Jungmann, Tanja/ Morawiak, Ulrike/ Meindl, Marlene (2018): Überall steckt Sprache drin. Alltagsintegrierte Sprach- und Literacy-Förderung für 3- bis 6-jährige Kinder. 2. Auflage. München: Ernst Reinhardt Verlag

Quelle Bildkarten: Bildkarten zur Sprachförderung. Silben, Verlag an der Ruhr

47. Klettmappe Silben

Material:

- Papierhefter
- Klettpunkte
- KV Klettmappe Silben

Die Papierhefter werden mit der KV „Klettmappe Silben“ und Klettpunkten beklebt (s. Foto). Sie benötigen beliebige Bildkarten, die ebenfalls mit Klettpunkten versehen werden.
Die Schüler*innen können mit der Klettmappe Bilder zu der Anzahl der Silben zuordnen und sie an entsprechender Stelle anheften. Zur Selbstkontrolle kann die Lösung auf der Rückseite der Mappe befestigt werden.

Tipp:
Es gibt Klettmappen zu vielen verschiedenen Themenbereichen. Viele Vorlagen und Ideen findet man unter der Bezeichnung „strukturierte Arbeitsmappen“ im Internet.

Quelle: nach Solzbacher, Heike (2011): Von der Dose bis zur Arbeitsmappe. Ideen und Anregungen für strukturierte Beschäftigungen in Anlehnung an den TEACCH-Ansatz. Dortmund: *BORGMANN MEDIA*

Quelle Bildkarten: Klett. Online: **https://grundschul-blog.de/phonologische-bewusstheit-ueben-teil-2-silben/** (Zugriff Juli 2023)

48. Silbenfrosch

Material:

- KV Spielplan Silbenfrosch
- Silbenfrosch/Spielpüppchen
- Bildkarten

Der Spielplan wird im Format A4 oder A3 ausgedruckt und liegt auf dem Tisch. Die Bildkarten (siehe Quelle) befinden sich neben dem Spielplan. Jede*r Schüler*in bekommt einen Silbenfrosch (oder Spielpüppchen) und stellt ihn auf das eigene Startfeld am unteren Bildrand. Nun wird eine Bildkarte aufgedeckt und die Silben des Wortes gesprochen und gezählt. Entsprechend der ermittelten Silbenanzahl darf ein Silbenfrosch nun über die Felder in Richtung See laufen. Kommt einer der Frösche im See an, ist das Spiel beendet.

Quelle: nach Hiller,Theda (o. J.): Silbenspiel mit drei Vögeln. Online: https://www.sprachanfang.de/153.html (Zugriff: Juli 2023)

Quelle Bildkarten: Ernst Klett Verlag GmbH (2019): Phonologische Bewusstheit trainieren – Teil 2: Silben. Online: https://grundschul-blog.de/phonologische-bewusstheit-ueben-teil-2-silben/ (Zugriff: Juli 2023)

49. Roboter

Material:

- keins

Jede*r Schüler*in ist ein Roboter, der sich schrittweise bewegt und dazu spricht. Die Schüler*innen schwingen in Schreibrichtung. Der rechte Fuß bewegt sich einen Schritt seitlich, der linke folgt parallel nach. Dazu sprechen sie die 1. Silbe „Ro" und führen synchron dazu eine Girlandenbewegung mit den Händen aus. So folgt Silbe auf Silbe.
Manche Kinder haben bei der Koordination Schwierigkeiten. Diese Kinder müssen beim Silbenschwingen besonders unterstützt werden (mit ihnen laufen oder bei der Koordination helfen).
Die Schüler*innen können den Namen schwingen und danach weitere, möglichst vielsilbige Wörter. Fragen Sie z. B. den Roboter:

- **Was gibt es zum Mittagessen?** → Spa-get-ti, To-ma-ten-sa-lat, Scho-ko-la-den-pfann-ku-chen ...
- **Was findest du im Klassenzimmer?** → Klas-sen-buch, Pa-pier-korb, Ta-fel-krei-de ...
- **Was gehört zum Winter?** → Schlit-ten-fah-ren, Vo-gel-fut-ter, Schnee-ge-stö-ber ...

Dies sind alles Beispiele für das mündliche Schwingen.

Quelle nach: Hoppe, Irene/ Schwenke, Jutta (2013): Auf den Anfang kommt es an.
Basale Lesefähigkeiten sicher erwerben. Online: https://bildungsserver.berlin-brandenburg.de/fileadmin/bbb/schule/grundschulportal/publikationen_grundschule/auf_den_anfang_kommt_es_an_2013.pdf (Zugriff: Juni 2023)

50. Wimmelsuche Variationen

Material:

- Wimmelbild
- Buchstabenkarten
- Lesestreifen

Wimmelbilder sind thematisch vielfältig zu nutzen, sie schulen die Wahrnehmung/ Konzentration und fördern den Wortschatz.

Wimmelsuche „Ich sehe was, was du nicht siehst“

Gemäß dem bekannten Spiel „Ich sehe was, was du nicht siehst“ soll eine Abbildung die bspw. mit ‚A‘ beginnt auf dem Wimmelbild von den Mitspielenden erraten werden.

Wimmelsuche mit Buchstaben und Anlautbildern

Man benötigt eine Kopie einer Wimmelbuchseite sowie kleine Karten mit Buchstaben oder Anlautbildern, die im Bild zu finden sind. Ein Buchstabe wird gelesen und an die passende Stelle gelegt. Für Kinder mit geringem Wortschatz ist es hilfreich, zunächst über alles, was auf dem Bild zu sehen ist, zu sprechen.

Wimmelsuche mit Lesestreifen

Im weiteren Verlauf der Schuleingangsphase, bzw. Klasse 2 können die Schüler*innen kleine Leseaufträge bekommen und sie auf dem Wimmelbild wiederfinden. In diesem Fall wird der zu lesende Satz auf einem Papierstreifen (Lesestreifen) an die passende Stelle auf dem Bild gelegt.

Quelle: nach Hoppe, Irene/ Schwenke, Jutta (2013): Auf den Anfang kommt es an. Basale Lesefähigkeiten sicher erwerben. Online: https://bildungsserver.berlin-brandenburg.de/fileadmin/bbb/schule/grundschulportal/publikationen_grundschule/auf_den_anfang_kommt_es_an_2013.pdf (Zugriff: Juni 2023)

Quelle Wimmelbuch: Rotraut Susanne Berner (2005): Sommer Wimmelbuch.Hildesheim: Gerstenberg Verlag

51. Ich schenke dir ...

Material:

- keins

Alle Schüler*innen versammeln sich im Kreis. Ein*e Schüler*in darf das Spiel beginnen, indem es den Anfangsbuchstaben des Vornamens nennt. Die anderen Mitschüler*innen überlegen sich nun reihum für das Kind ein Geschenk, das mit diesem Buchstaben beginnt.

Beispiel:
„Ich heiße Simone – mein Name beginnt mit ‚S'."
„Simone, ich schenke dir die Sonne."
„Simone, ich schenke dir einen Salat."

Wenn alle ein Geschenk abgeschickt haben, darf das Nachbarkind seinen Anfangsbuchstaben nennen.

Tipp:
Als besonders schwierige Variante ist es möglich, dass die Geschenke gemäß dem Spiel „Ich packe meinen Koffer" reihum wiederholt werden müssen.

Quelle: nach Friedl, Johanna (2012): Die besten Spiele für den Anfangsunterricht. München: Oldenbourg

Quelle Bildkarte: Bildkarten zur Sprachförderung. Anlaute erkennen: Konsonanten 2, Verlag an der Ruhr

52. Klatsch den Anlaut

Material:

- Buchstabenkarten
- Fliegenklatsche pro Mitspieler*in
- Muggelsteine
- evtl. Tisch

Maximal vier Buchstabenkarten werden auf dem Tisch oder Boden verteilt. Falls auf dem Boden gespielt wird, sitzen die Schüler*innen im Kreis um die Buchstabenkarten herum. Sofern die Buchstabenkarten auf dem Tisch liegen, stellen sich die Schüler*innen um den Tisch. Jede*r Schüler*in erhält eine Fliegenklatsche. Und schon kann es losgehen: Sie nennen ein Wort und betonen dabei besonders den ersten Laut. Die Schüler*innen klatschen mit der Fliegenklatsche schnell auf die Buchstabenkarte mit dem entsprechenden Anlaut. Wer am schnellsten war, gewinnt einen Muggelstein. Sieger*in ist das Kind mit den meisten Muggelsteinen.

Quelle: nach Senst, Sonja (2014): ZEBRA-Ideen zum Schulstart. Online: https://zebrafanclub.de/zebra-schulstart/ (Zugriff: März 2023)

53. Anlaute-Bingo

Material:

- Bingo-Spielpläne
- Spielfiguren
- Würfel
- Muggelsteine

Die kostenlosen Bingo-Spielpläne (siehe Quelle) werden vorbereitet. Zwei Schüler*innen erhalten ein Anlaute-Bingo und legen es vor sich, sie einigen sich zudem darauf, wer seine Muggelsteine in welchem Kästchen ablegen darf. Die Spielfiguren werden auf das Startfeld positioniert. Nacheinander würfeln die Kinder und setzen ihre Spielfigur im Uhrzeigersinn und entsprechend der Würfelzahl auf den Spielplan vor. Je nach Spielplan-Variante wird der erwürfelte Laut ausgesprochen und im Kästchen das passende Anlautbild mit einem Muggelstein belegt. Bei den anderen zu nutzenden Spielvarianten wird die Spielhandlung andersherum gespielt. Wer zuerst drei Muggelsteine in einer Reihe hat, ruft „Bingo"!

Tipp:
Die Verlage bieten häufig zu ihren Lehrwerken und Schreibtabellen passende Anlaut-Bingo-Spielpläne an, so können die Laut-Bild-Zuordnungen gezielt gesichert werden (siehe Quelle). Weitere kostenlose Vorlagen sind bei www.fraulocke.grundschultante.de (Bingo Spielpläne AMIO) zu finden.

Quelle: nach Froehlich, Catherina (2021): Anlautspiele – Laut-Buchstaben-Zuordnungen mit der Zebra-Schreibtabelle. Online: https://zebrafanclub.de/anlautspiele-laut-buchstaben-zuordnungen-zebra-schreibtabelle/ (Zugriff: März 2023)

Quelle Bingo-Spielpläne: Rechtschreibwerkstatt GmbH & Co. KG (o. J.): Anlaut-Bingo. https://www.rechtschreibwerkstatt-konzept.de/wp-content/uploads/2014/08/Anlaut-Bingo_RSW.pdf (Zugriff: März 2023)

54. Anlaute-Roulette

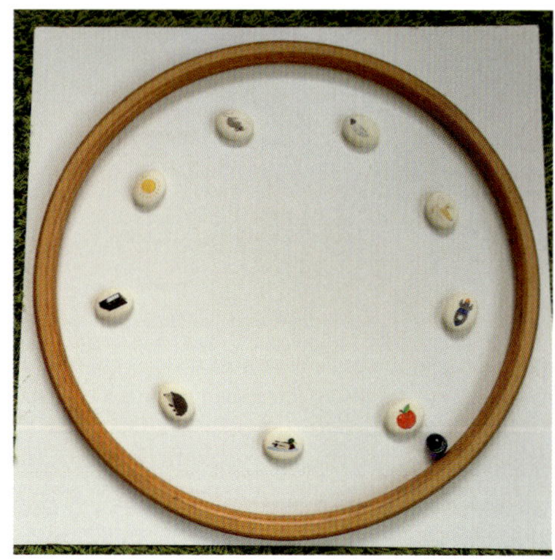

Material:

- Gymnastikreifen
- Murmel
- Bildkarten

Der Gymnastikreifen liegt auf dem Boden, die Bildkarten werden an der Innenseite des Reifens platziert. Die Schüler*innen sitzen um den Gymnastikreifen herum. Zunächst werden die Bilder mit dem entsprechenden Wort besprochen und der Anlaut des Wortes besonders betont. Die Murmel wird nun von Ihnen am Innenrand des Gymnastikreifens angestoßen, so dass sie an der Innenseite des Reifens entlang rollt. Die Schüler*innen nennen nun den Anlaut bei der Bildkarte, bei der die Murmel stehengeblieben ist. Wurde der Anlaut richtig genannt, darf das Kind nun als Nächste*r die Murmel anstoßen.

Tipp:
Am Innenrand des Gymnastikreifens können auch Buchstabenkärtchen liegen. Die Schüler*innen müssen dann zu dem passenden Laut ein entsprechendes Wort nennen, dies fördert den Wortschatz.

Quelle: nach Jungmann, Tanja/ Morawiak, Ulrike/ Meindl, Marlene (2018): Überall steckt Sprache drin. Alltagsintegrierte Sprach- und Literacy-Förderung für 3- bis 6-jährige Kinder. 2. Auflage. München: Ernst Reinhardt Verlag

Quelle Erzählkiesel : Erzählkiesel „Kunterbunte Anlautbilder“, Betzold

55. Anlaute-Setzkasten

Material:

- Setzkarten
- Buchstabenkarten
- Anlaut-Gegenstände
- Säckchen

Der Setzkasten wird zunächst mit den Buchstabenkarten und den vielfältigen Anlaut-Gegenständen bestückt. Jeder Gegenstand wird gemeinsam mit den Schüler*innen benannt. Nun werden die Gegenstände in einem Säckchen gesteckt. Nacheinander dürfen die Schüler*innen nun einen Gegenstand aus dem Säckchen herausnehmen und dem entsprechenden Laut im Setzkasten zuordnen.

Quelle: nach Fisgus, Christel/ Kraft, Gertrud (2019): Morgen wird es wieder schön! Neue Materialien für die Praxis. 7. Auflage. Hamburg: Auer Verlag in der AAP Lehrerwelt GmbH

56. Pirateninsel

Material:

- Teppichfliesen
- Bildkarten
- Anlautbilder zum Lehrwerk
- Rollbretter (in der Menge der Teppichfliesen)

Auf der einen Seite des Raumes werden die Teppichfliesen verteilt, auf der anderen Seite des Raumes die Bildkarten. Die Schüler*innen ordnen sich einer Teppichfliese zu. Jede Teppichfliese ist eine Pirateninsel, die einen eigenen Laut bekommt. Unter der Fliese ist z. B. das Bild der Maus von der Anlauttabelle versteckt. Die Kinder dieser Pirateninsel sollen sich einen Namen für ihre Insel aussuchen mit dem „M" von Maus. Wenn alle Pirateninseln einen Namen haben kann das Spiel beginnen.
Jede Teppichfliese bildet eine Mannschaft. Jeweils ein Kind der Mannschaft bewegt sich auf dem Rollbrett (Piratenschiff) zur anderen Seite des Raumes und sucht eine Bildkarte, die mit dem gleichen Anlaut beginnt, wie der der eigenen Insel. Findet es eine passende Bildkarte, wird sie zur Pirateninsel mitgebracht und das nächste Kind kann starten.
Nach einer zuvor festgelegten Zeit wird die Anzahl der gesammelten Piratenschätze gezählt. Welche Mannschaft konnte sich die meisten Anlautschätze sammeln?

Quelle: nach Fonck, Stefanie (2018): Willkommen in der Schulkindbetreuung. 4. Auflage. Dortmund: *BORGMANN MEDIA*

Quelle Bildkarten: Forster, Maria/ Matschinke, Sabine (2008): Lesen und schreiben lernen mit der Hexe Susi: Übungen und Spiele zur Förderung der phonologischen Bewusstheit. Hamburg: Auer Verlag in der AAP Lehrerwelt GmbH.

57. Deckelsuche

Material:

- Schraubdeckel
- Bildkarten

Jeder Schraubdeckel wird innen mit einer Bildkarte (siehe Quelle) versehen. Die Schüler*innen werden in 2 oder mehr Gruppen eingeteilt.
Während die Schüler*innen auf der einen Seite des Raumes stehen, befinden sich die Schraubdeckel auf der anderen Seite des Raumes. Die Deckel sind dabei frei auf dem Boden verteilt und so gelegt, dass die Bilder nicht gesehen werden können.
Jede Gruppe sucht sich einen Laut aus, den sie suchen wollen. Auf ein Startsignal hin, startet jeweils ein Kind der Gruppe und bewegt sich durch den Raum. Auf der anderen Seite des Raumes angekommen, dreht es genau einen Deckel um, schaut sich das Bild an und entscheidet, ob der Anlaut des Bildes der Laut ist, den ihre Gruppe ausgesucht hat. Wenn ja, nimmt man den Deckel mit zurück zur Gruppe. Wenn nein, dann bleibt der Deckel verdeckt liegen.

Quelle Deckelsuche: unbekannt

Quelle Bildkarten: Ernst Klett Verlag GmbH (2019): Phonologische Bewusstheit trainieren – Teil 2: Silben. Online: https://grundschul-blog.de/phonologische-bewusstheit-ueben-teil-2-silben/ (Zugriff: Juli 2023)

58. Anlaut-Endlaut Schlange

Material:

- keins

Ein*e Schüler*in beginnt mit einem Wort, z. B. Maus. Das nächste Kind muss jetzt ein Wort finden, dass mit dem letzten Buchstaben von Mau"S" beginnt, z. B. Seebär. Das nächste Kind erkennt den Endlaut „R" und findet ein neues Wort mit R ...

Man kann den Reiz erhöhen (oder auch mit höheren Klassen spielen), indem Wörter aus einem bestimmten Themenfeld, z. B. Tiere, Berufe, Namen, Anziehsachen, Spielzeug, etc. gefunden werden sollen.

Quelle: nach Jeitner-Hartmann, Bertrun (2018): Das große Ravensburger Buch der Kinderbeschäftigung. Ravensburg: Ravensburger Buchverlag.

59. Mein Name in Bildern

Material:

- Anlautbilder

Für dieses Angebot ist dringend erforderlich, dass Sie die Anlautbilder aus dem Lehrwerk nutzen, dass in Ihrer Schule verwendet wird. So können Sie mit den Schüler*innen die Laut-Buchstaben-Korrespondenz mit den entsprechenden Bildern auf der Anlaut-/Schreibtabelle üben.
Für die Schüler*innen wird nun ein individueller Streifen vorbereitet. In der oberen Spalte werden die Anlautbilder gemäß des Namens eingefügt. Die untere Spalte bleibt frei, so dass die Schüler*innen die passenden Buchstaben mithilfe der Anlaut-/Schreibtabelle eintragen können. So wird der Name sowohl in Bildern als auch in Buchstaben sichtbar.

Quelle: nach Anonymus (2020): Online: instagram/grundschul_seele (Zugriff: März 2023)

Quelle Anlautbilder: Girshausen, Bernadette (2018): Das Konzept der Zebra-Schreibtabelle 2018 – mit Anlautbildern zum Download. Online: https://zebrafanclub.de/zebra-schreibtabelle-2018-anlautbilder-download/ (Zugriff: März 2023)

60. Buchstabenturm

Material:

- Graupappe
- Unterlegscheiben
- Bildkarten
- Buchstabenkarten
- Magnetpads

Aus der Graupappe werden Grundflächen geschnitten und mit Unterlegscheiben beklebt. Jeweils 3 Unterlegscheiben in einer Reihe (Bild+Großbuchstabe+Kleinbuchstabe). Jede Bildkarte (siehe Quelle) und alle Buchstabenkarten bekommen einen Magnetpad auf der Rückseite.

Anlehnend an das Lehrwerk der jeweiligen Schule, werden die Bilder der Anlauttabelle verwendet. Die Schüler*innen können eine Bildkarte mit dem passenden Groß- und dem Kleinbuchstaben sortieren. Die Grundflächen können dabei auf dem Boden liegen oder an der Wand befestigt werden.

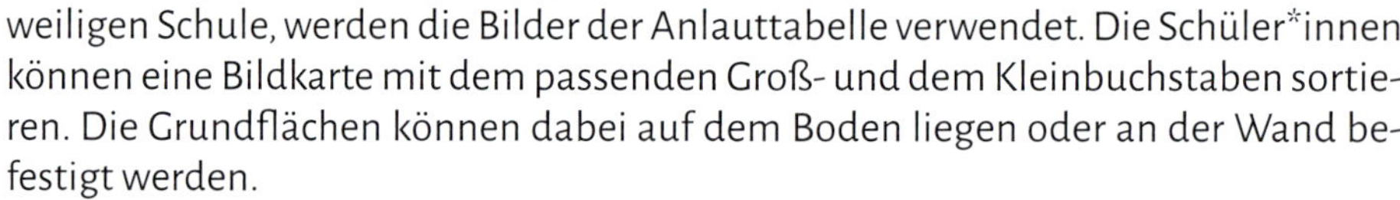

Tipp:
Zwei (oder mehr) Kinder spielen gemeinsam, indem ein Kind die Augen verschließt und das andere Kind Buchstaben- und Bildkarten vertauscht. Das Kind, das gerade die Augen geschlossen hatte, sortiert sie in die ursprüngliche Reihenfolge.

Quelle: nach Barbara Huber (2014): Fortbildung Lernwerkstatt Bocholt. Online: https://zebrafanclub.de/schreibtabelle-freiarbeitsmaterial/ (Zugriff Juni 2023)

Quelle Bildkarten: Girshausen, Bernadette (2018): Das Konzept der Zebra-Schreibtabelle 2018 – mit Anlautbildern zum Download. Online: https://zebrafanclub.de/zebra-schreibtabelle-2018-anlautbilder-download/ (Zugriff: März 2023)

61. Förderbox Phonologische Bewusstheit

Gesellschaftsspiele:

- Buchstabix, Haba
- Verfühlt Nochmal! Buchstaben und Laute, Haba
- Kro-ko-dil Spiel, Piatnik

Lernspiele:

- Logico Piccolo Silbentraining, Finken
- Logico Piccolo Anlauttraining, Finken
- Alles Banane, Lingoplay

Material:

- Silben (Bildkarten zur Sprachförderung), Verlag an der Ruhr
- Reime (Bildkarten zur Sprachförderung), Verlag an der Ruhr
- Erzählkiesel „Kunterbunte Anlautbilder“, Betzold

Notizen

Teil C:
Das Spiel mit den Buchstaben

62. Sprechwürfel

Material:

- Würfel mit Einstecktaschen
- Einschubkarten

Die Schüler*innen würfeln und bilden einen Satz mit der jeweiligen Seite des Würfels. Auf den Karten können Bilder für Nicht-Leser oder Satzanfänge abgebildet sein.

Erzählanlässe zu:
Bildkarten von Spielsituationen
Bildkarten von Familienmitgliedern
Bildkarten von Tieren
Ich habe – du hast – er/sie/es hat
Ich mag – was ich nicht mag – was ich gerne mal werden möchte
Gestern – heute – morgen

Der Würfel kann als Hilfe zum besseren Kennenlernen, aber auch im Sitzkreis zur Begrüßung oder als Abschiedsritual genutzt werden.
Im Begrüßungskreis könnte z. B. auf jeder Würfelseite das Wort WILLKOMMEN in einer anderen Sprache stehen.

Quelle: nach Lenuck, Isabel (2018): Sprachförderung mit Würfelspaß. Mit Geschichten Würfeln sprechen, schreiben und lesen lernen. Hamburg: AOL Verlag

63. Szenisches Spiel

Material:

- Handpuppen
- Kuscheltiere
- Bildkarten mit Spielsituationen

Die Schüler*innen können sich eine Handpuppe oder ein Kuscheltier aussuchen und sich ein kleines Theaterstück oder eine Spielsituation überlegen. Diese wird dann im Rahmen der Frühstückspause oder zu Beginn einer Unterrichtsstunde allen anderen Kindern der Klasse vorgespielt.
Es könnte hilfreich sein, Bildkarten mit Spielsituationen bereit zu legen, damit die Schüler*innen einen Spielanlass finden, zu dem sie eine Geschichte vorspielen.

Quelle: nach Carreiro, Carolyn (2007): Stab- und Handpuppen selber machen. Bastelanleitungen und Ministücke für Grundschulkinder. Mülheim an der Ruhr: Verlag an der Ruhr

64. Kaufmannsladen

Material:

- Regal oder Tisch
- Obst/Gemüse/andere Waren
- Spielgeld

Alle Waren, die im Laden gekauft werden können, werden auf einem Regal oder Tisch angeboten. Zwei Schüler*innen spielen die Rollen Verkäufer*in und Kund*in. Der Kaufmannsladen ist immer wieder eine gute Spielidee um den Wortschatz zu erweitern oder auch bestimmte Laute in die Spontansprache zu transferieren. Aber auch die Merkfähigkeit kann hierbei trainiert werden. Diese Vielfältigkeit ist toll, deshalb lieben die Kinder es auch „Einkaufen" zu spielen.
Schon beim Hereinkommen können die Schüler*innen spielerisch Grußformeln einüben und so ganz nebenbei den Wortschatz erweitern.

Quelle: nach Jeitner-Hartmann, Bertrun (2018): Das große Ravensburger Buch der Kinderbeschäftigung. Ravensburg: Ravensburger Verlag

65. Ich packe meine Schultasche

Material:

- Schultasche
- Schulmaterialien
- witzige Gegenstände
- Beutel

In den Beutel werden zunächst die Schulmaterialien wie: Etui, Bleistift, Trinkflasche, Brotdose, Radiergummi, Anspitzer, Lineal, Malkasten etc. gepackt. Zusätzlich können noch witzige Gegenstände wie z. B. eine Rolle Toilettenpapier oder einen Weihnachtsmann hineingesteckt werden. Die Schultasche steht in der Mitte. Reihum darf nun jede*r Schüler*in einen Gegenstand aus dem Beutel ziehen und mit den Worten: „Ich packe in meine Schultasche eine Trinkflasche." in die Schultasche stecken. Jedes Kind wiederholt zuvor den Satz und die Gegenstände die sich bereits in der Schultasche befinden, bevor es selber etwas hineinlegen darf.

Tipp:
Dieses Spiel lässt sich thematisch sehr vielseitig umsetzen. So ist z. B. eine kostenlose Sommeredition auf www.ideenreise-blog.de zu finden, so dass vor den Sommerferien die Spielvariante „Ich packe in meinen Reisekoffer" heißen kann. Wenn Sie mit den Schüler*innen zum Thema Geld arbeiten, könnte die Spielvariante in „Ich packe in meinen Einkaufswagen" umgewandelt werden.

Quelle: nach Bestle-Körfer Regina (2021): Projekte in der Kita Schulstart. 2. Auflage. Freiburg im Breisgau: Herder

66. Bild + Bild = Satz

Material:

- Kinder memory® (Ravensburger)

Die Memorykarten werden zu einem Stapel vorbereitet. Zunächst werden zwei Memorykarten von den Schüler*innen gezogen. Die Memorykarten werden als Erstes benannt, sofern bspw. der Hund und das Gespenst zu sehen ist, soll daraus dann ein Satz wie „Der Hund hat vor dem Gespenst Angst." gebildet werden. Der Schwierigkeitsgrad kann erhöht werden, indem die Schüler*innen drei oder vier Memorykarten für einen Satz ziehen.

Tipp:
Die nächste Steigerung wäre, den gebildeten Satz aufzuschreiben.

Quelle: nach Hildebrandt, Gabriela (2018): 1 Memory = 10 Möglichkeiten der Sprachförderung. Online: https://www.logopaedie-hildebrandt.de/memory-spiel-zur-sprachforderung/ (Zugriff: Februar 2023)

67. Buchstaben mit allen Sinnen

Zur Automatisierung der Buchstaben folgen einige Angebote, die den Schüler*innen ein Training auf unterschiedlichen Lernkanälen anbietet. Je nach Lerntyp der Schüler*innen werden visuelle, bewegte oder Sinnes-Übungen vorgestellt, so dass die Buchstaben sehr differenziert wahrgenommen werden können.

Buchstaben im Sand schreiben

Material:

- Vogelsand
- Tablett

Buchstaben mit Knete formen

Material:

- Knete

Buchstaben auf der Schiefertafel schreiben

Material:

- Kreide
- Schiefertafel

Buchstaben mit dem Pinsel schreiben

Material:

- Pinsel
- Schiefertafel
- Wasserbecher

Buchstaben mit der Nadel prickeln

Material:

- Prickelnadel
- Filzunterlage
- Vorlage des Buchstabens

Buchstaben an der Tafel nachspuren

Material:
- Kreide
- Tafel

Buchstaben auf der Zaubertafel schreiben

Material:
- Zaubertafel

Buchstaben nachlegen

Material:
- Muggelsteine
- Knöpfe
- Dominosteine
- Vorlage des Buchstabens

Buchstaben nachfahren

Material:
- Spielzeugauto
- Vorlage des Buchstabens

Buchstaben im Sand finden

- Vogelsand
- Holzbuchstaben
- Gegenstände

Buchstaben in Regenbogenfarben

Material:
- Bunt-, Filz-, Wachsmalstifte
- Vorlage des Buchstabens

Quelle: nach Maurer, Katharina (2021): Die Buchstabenerarbeitung. Ideen für den Buchstabentag. Online: www.grundschul-liebe.at (Zugriff: Juli 2023)

68. Das Wettrennen der Buchstabentiere

Material:

- keins

Die Schüler*innen stellen sich parallel in einer Reihe auf. In einer Entfernung zu den Schüler*innen stehen Sie und stellen das Ziel dar. Nun nennen Sie den ersten Buchstaben, z. B. „H wie …". Die Schüler*innen überlegen sich schnell welches Tier sie nennen können. Wer bspw. Hai, Huhn oder Hängebauchschwein genannt hat, darf sich Ihnen einen Schritt nähern. Wer als Erstes nach einigen Runden bei Ihnen ankommt ist der*die Gewinner*in.

Quelle: nach Friedl, Johanna (2012): Die besten Spiele für den Anfangsunterricht. München: Oldenbourg

69. Autos parken

Material:

- Pappe mit eingezeichneten Parkplätzen
- Autos, die in die Parklücken passen
- Klebepunkte

Jedes Auto bekommt einen Klebepunkt auf das Dach geklebt mit einem Kleinbuchstaben darauf. Passend dazu sind auf der Pappe die Parkplätze mit Großbuchstaben beschriftet. Der*die Schüler*in parkt nun die Kleinbuchstaben entsprechend der Großbuchstaben ein.

Quelle: nach Jakubek, Juliane (2023): Gemeinsam Basteln gemeinsam wachsen. Gerlingen: Frechverlag GmbH

70. Klettmappe Groß zu klein

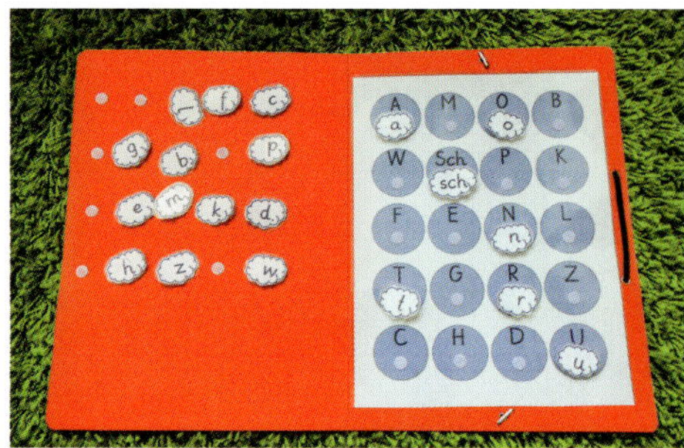

Material:

- Papierhefter
- Klettpunkte
- KV Klettmappe Groß zu Klein

Die Papierhefter werden mit Buchstabenkarten und Klettpunkten beklebt (s. Foto). Die Schüler*innen können mit der Klettmappe Kleinbuchstaben den Großbuchstaben zuordnen und sie an entsprechender Stelle anheften. Zur Selbstkontrolle kann die Lösung auf der Rückseite der Mappe befestigt werden.

Tipp:
Es gibt Klettmappen zu vielen verschiedenen Themenbereichen. Viele Vorlagen und Ideen findet man unter der Bezeichnung „strukturierte Arbeitsmappen“ im Internet. Kostenlose Buchstabenkarten z. B. unter: eduki/Marion Weyland „Buchstabengeschwister“.

Quelle: nach Solzbacher, Heike (2011): Von der Dose bis zur Arbeitsmappe. Ideen und Anregungen für strukturierte Beschäftigungen in Anlehnung an den TEACCH-Ansatz. Dortmund: *BORGMANN MEDIA*

71. Würfelglück

Material:

- KV Würfelglück
- Würfel
- Stift

Jede*r Mitspieler*in erhält einen Spielplan, einen Würfel und einen Stift. Jetzt wird abwechselnd gewürfelt und ein vorgegebener Buchstabe entsprechend oft in ein freies Feld geschrieben.
Der jeweilige Buchstabe sollte dabei benannt und auf die Schreibrichtung geachtet werden.
Wer zuerst alle Felder gefüllt hat, hat gewonnen.

Quelle: nach Gorschlütter, Jutta/ Gorschlütter, Marie (2022): Wenn Lernen schwierig ist, Alles was den Lernalltag mit Kindern erleichtert. Stuttgart: Verlag W. Kohlhammer

72. Aus Buchstaben werden Silben

Material:

- ein Würfel mit Vokalen
- ein Würfel mit Konsonanten

Die Schüler*innen würfeln gleichzeitig mit dem Vokal- und Konsonantenwürfel. Durch das Zusammenziehen der beiden Buchstaben zu einer Silbe (Buchstabensynthese) wird das Silbenlesen spielerisch geübt. Im Anschluss daran kann ein Wort gesucht werden, das mit dieser Silbe beginnt.

Tipp:
Wenn Sie bei Suchportalen im Internet „Silbenwürfel" eingeben, erhalten Sie kostenlose Vorlagen für eine Papier-Würfel-Variante.

Quelle: nach LISUM – Landesinstitut für Schule und Medien Berlin-Brandenburg (2013): Auf den Anfang kommt es an. Basale Lesefähigkeiten sicher erwerben. Online: https://bildungsserver.berlin-brandenburg.de/fileadmin/bbb/schule/grundschulportal/publikationen_grundschule/auf_den_anfang_kommt_es_an_2013.pdf (Zugriff: Januar 2023)

73. Silben-Tiere

Material:

- Bildkarten von Tieren
- Silbenkarten

Für diese Übung benötigen Sie einige Tierbilder mit zwei Silben, wie z. B. Kat-ze, E-sel, Lö-we, Schlan-ge usw. sowie die passenden Silbenkarten. Die Tierbilder werden nebeneinander ausgelegt. Die Silbenkarten werden gemischt und verdeckt auf den Tisch gelegt. Die Schüler*innen dürfen nacheinander eine Silbenkarte aufdecken, diese vorlesen und überlegen zu welchem Tier die Silbe passt. So werden die Tierbilder mit den Silben zu einem Wort kombiniert.

Quelle: nach LISUM – Landesinstitut für Schule und Medien Berlin-Brandenburg (2013): Auf den Anfang kommt es an. Basale Lesefähigkeiten sicher erwerben. Online: https://bildungsserver.berlin-brandenburg.de/fileadmin/bbb/schule/grundschulportal/publikationen_grundschule/auf_den_anfang_kommt_es_an_2013.pdf (Zugriff: Januar 2023)

74. Silben singen

Material:

- KV Silben singen
- Tafel

Buchstaben werden mit den Vokalen a-e-i-o-u singend verbunden. Das Silben singen kann mit der ganzen Klasse eingeübt werden. Die Melodie ist einprägend und kann auf alle Mitlaute übertragen werden. An der Tafel steht links ein Mitlaut, rechts daneben untereinander die Vokale a-e-i-o-u.

L mit 'nem a La
L mit 'nem e Le
L mit 'nem i Li
La Le Li
L mit 'nem o Lo
La Le Li Lo
L mit 'nem u Lu
La Le Li Lo Lu

Die Hand der Lehrkraft zeigt jeweils auf die Verbindung, die als nächstes gesungen wird und bewegt sich von Zeile zu Zeile mit.
Im Anschluss kann der Mitlaut „L" dann durch einen anderen Mitlaut ausgetauscht werden. Auch Buchstabenkombinationen können auf diese Weise spielerisch geübt werden
(Bl mit 'nem a Bla ...
Kr mit 'nem a Kra ... usw.)

Quelle: nach Kuhn, Klaus (2014): Ganzheitliche Silbenübungen im Anfangsunterricht. Das ABC der Tiere. Offenburg: Mildenberger Verlag

75. Wörter-Rätsel

Material:

- Wortkarten
- Abdeckkarte

Es sollten Wortkarten mindestens in der Größe DIN A6 verwendet werden. Über die Wortkarte wird die Abdeckkarte gelegt. Nun wird nach und nach durch das verschieben der Abdeckkarte ein Buchstabe sichtbar und die Schüler*innen lesen vom ersten Laut, über die Silbe, bis hin zum gesamten Wort. Natürlich kann zwischendurch schon gerätselt werden, welches Wort wohl erscheinen wird.

Quelle: nach LISUM – Landesinstitut für Schule und Medien Berlin-Brandenburg (2013): Auf den Anfang kommt es an. Basale Lesefähigkeiten sicher erwerben. Online: https://bildungsserver.berlin-brandenburg.de/fileadmin/bbb/schule/grundschulportal/publikationen_grundschule/auf_den_anfang_kommt_es_an_2013.pdf (Zugriff: Januar 2023)

76. Würfel – welches Wort soll ich lesen?

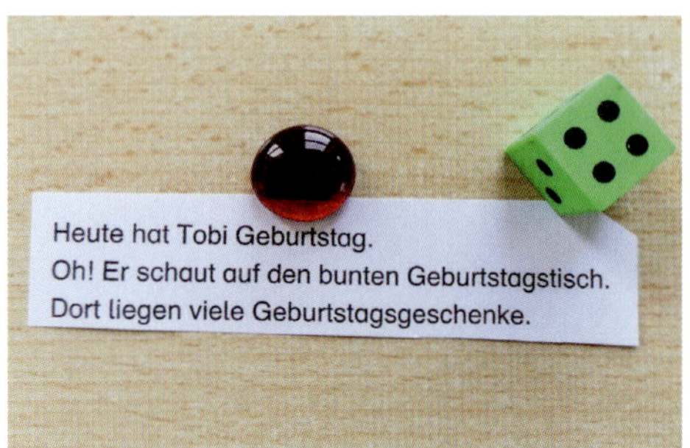

Material:

- einige Textkarten
- Würfel
- Muggelstein

Für Schüler*innen, für die das Lesen noch herausfordernd ist, kann es sehr erleichternd sein zu wissen, dass sie nicht einen ganzen Text lesen müssen. Daher stellen sie eine Karte mit drei bis vier Sätzen zur Verfügung. Der*die Schüler*in darf nun würfeln. Wenn bspw. eine vier gewürfelt wurde, legt das Kind den Muggelstein auf das vierte Wort und liest dieses laut vor. Danach wird erneut gewürfelt und das entsprechende Wort gelesen.

Quelle nach: Ganser, Bernd (Hg.) (2005): Damit hab ich es gelernt! Materialien und Kopiervorlagen zum Schriftspracherwerb. Augsburg: Auer

77. Wort – wo steckst du?

Material:

- Lesetext
- Textmarker

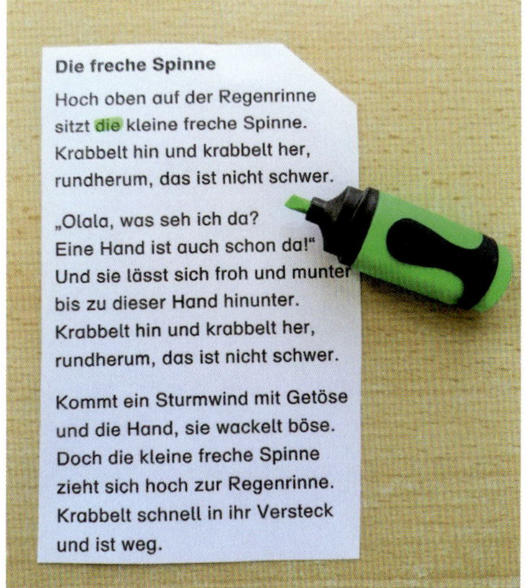

Die Schüler*innen erhalten alle einen Lesetext und einen Textmarker. Sie nennen nun ein Wort (bspw. „die“), welches im gesamten Lesetext gesucht und markiert werden soll. Eine andere Variante wäre, wenn alle Schüler*innen alle Wörter markieren sollen, die mit einem „A“ beginnen und zwar in der klein- und großgeschriebenen Form.

Quelle: nach Friedl, Johanna (2012): Die besten Spiele für den Anfangsunterricht. München: Oldenbourg

78. Schlangensätze lesen

Material:

- Lesetext mit kurzen Sätzen

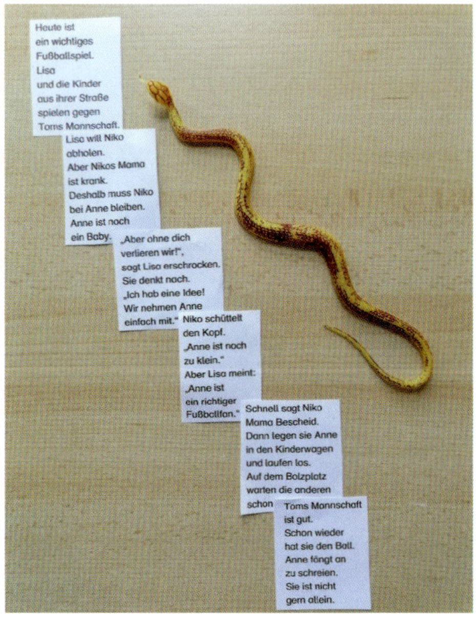

Die Schüler*innen erhalten alle einen Lesetext. Nacheinander wird je ein Satz vorgelesen, so dass man sich gemeinsam durch einen Text durchschlängelt.

Quelle: nach Nowey-Fath, Erwine/ Süßmair-Kölbl, Rosemarie (2014): 99 Tipps für die Grundschule. Anfangsunterricht. Berlin: Cornelsen

79. Lesetraining mit der Sandhur

Material:

- Wortkarten (Grundwortschatz)
- Sanduhr

Für diese Übung werden Wortkarten mit Wörtern aus dem Grundwortschatz benötigt (siehe Quelle). Durch die Schwierigkeit des Wortmaterials kann eine Differenzierung erfolgen. Die Wortkarten liegen auf einem Stapel vor den Schüler*innen. Sobald die Sanduhr umgedreht wurde, muss eine Wortkarte nach der anderen so schnell wie möglich gelesen werden. Nach Ablauf der Sanduhr wird gezählt, wie viele Wortkarten in der Zeit gelesen wurden. So kann der Sichtwortschatz der Schüler*innen aufgebaut und das Lesen weiter automatisiert werden; zudem kann bei Übungswiederholungen festgestellt werden, wie sich die Lesegeschwindigkeit gesteigert hat, denn die Anzahl der erlesenen Wörter wird sich nach einigen Spielrunden steigern.

Quelle: nach LISUM – Landesinstitut für Schule und Medien Berlin-Brandenburg (2013): Auf den Anfang kommt es an. Basale Lesefähigkeiten sicher erwerben. Online: https://bildungsserver.berlin-brandenburg.de/fileadmin/bbb/schule/grundschulportal/publikationen_grundschule/auf_den_anfang_kommt_es_an_2013.pdf (Zugriff: Januar 2023)

Quelle Blitzlesekarten: Ernst Klett Verlag GmbH (2022): Blitzlesen – Mit Franz im Zebragalopp die Leseflüssigkeit trainieren. Online: https://zebrafanclub.de/blitzlesen-lesefluessigkeit-trainieren/ (Zugriff: Januar 2023)

80. Lese-Bingo

Material:

- KV 9er-Feld-Spiele
- viele Muggelsteine

Um den Sichtwortschatz beim Lesen zu fördern, müssen bei diesem Spiel zunächst die Bingo-Spielfelder erstellt werden. Auf einem 9er-Bingo-Spielfeld werden kurze Wörter wie: dich, eine, was, beim, denn usw. notiert. Die Schüler*innen erhalten jeweils ein Bingo-Spielfeld und legen es vor sich. Zudem bekommt jede*r Schüler*in Muggelsteine. Nun lesen Sie ein Wort des Spielplanes laut vor und die Schüler*innen markieren das Wort auf ihrem Spielplan mit einem Muggelstein. Wer zuerst drei Muggelsteine in einer Reihe hat, ruft „Bingo"!

Quelle: nach LISUM – Landesinstitut für Schulen und Medien Berlin-Brandenburg (2008): Leseübungen im Anfangsunterricht. Lernangebote zur Entwicklung der orthografischen Strategie. Online: https://bildungsserver.berlin-brandenburg.de/fileadmin/bbb/themen/sprachbildung/Lesecurriculum/Leseuebungen/Lernangebote-orthogr.-Strat..pdf (Zugriff: März 2023)

81. Lesekasten

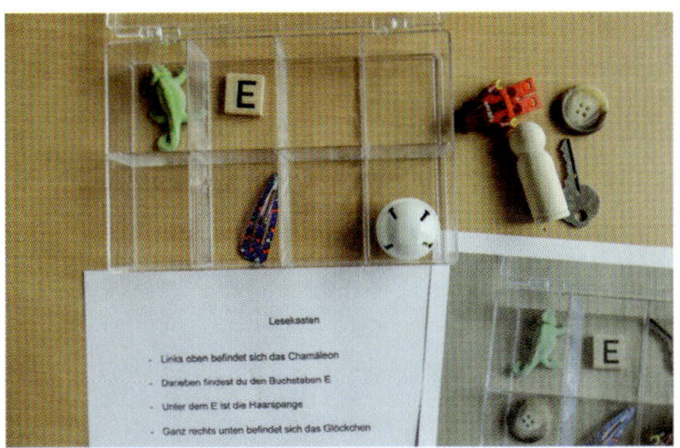

Material:

- Kunststoffdose mit Fächerunterteilung
- Kleine Spielzeuge, Knöpfe oder Geldstücke
- Lese-Anleitungen
- Lösungsfotos

Passend zu der Dose (abhängig von der Anzahl der Fächer) werden Lese-Aufträge erstellt. Diese orientieren sich an den vorhandenen Fächern der Dose und können sowohl einzelne Wörter, als auch kompakte Sätze beinhalten. Die Schüler*innen nehmen sich einen Leseauftrag. Je nach Jahrgang und Differenzierung gibt es verschiedene Varianten.
Nachdem die Dosen mit Hilfe der Leseaufträge bestückt sind, gibt es zur Selbstkontrolle auf der Rückseite jedes Auftrages ein Lösungsfoto. Im Anschluss werden alle Gegenstände aus der Dose entfernt und der nächste Leseauftrag kann erledigt werden.

Tipp:
Der Lesekasten kann auch sehr gut für die Förderung der Raum-Lage- Bestimmung genutzt werden. Oben, unten, neben, rechts und links sind in einer Dose mit mehreren Fächern gut zu beschreiben.

Quelle: nach Schäfer, Susanne (2013): Herbst Lesekarten zur Raumlage. Online: https://www.zauber-einmaleins.de/kommentare/herbst-lesekarten-zur-Raumlage....863/ (Zugriff: Juli 2023)

82. Tierwanderung

Material:

- KV Tierwanderung
- Tierfiguren (hier: Zebra, Löwe, Giraffe, Elefant und Tiger)
- KV Lösungsfotos Tierwanderung
- DIN-A5-Transparenthüllen

Es werden Leseaufträge entsprechend der Kopiervorlage (KV) mit Fotos (13 × 18 cm) erstellt. Jeder Leseauftrag wird mittig gefaltet und durch eine A5-Transparenthülle geschützt. Auf jedem Leseauftrag sollen 5 Tiere positioniert werden.
Die Schüler*innen nehmen sich einen Leseauftrag und stellen die Tiere dementsprechend auf. Sind sie mit dem Leseauftrag fertig, finden sie auf der Rückseite ein Lösungsfoto.

Quelle: Hesse, Simone aus der Zusammenarbeit mit der Lehrkraft Huber, Barbara am GSV Isselschule in Isselburg

Quelle Tierfiguren: schleich®, Schwäbisch Gmünd

83. Komische Tiere

Material:

- KV Komische Tiere oder Karten mit zwei- und dreisilbigen Wörtern

Die Reihenfolge der Silben bekannter zwei- und dreisilbiger Wörter wird vertauscht, sodass Pseudowörter entstehen. Zur Erleichterung werden die Wörter aus einem inhaltlich gleichen Bereich genommen, um einen Kontextbezug herzustellen.
Die Vokale werden gelb markiert und anschließend nach der Silbenregel mit Bleistiftstrichen in Silben getrennt. Die Silben werden einzeln gelesen. Dann wird überlegt, wie das Wort heißen kann. Das Wort wird dann in der richtigen Reihenfolge der Buchstaben aufgeschrieben, vorgelesen und noch einmal kontrolliert

Beispiel (KV): Tiere im Zoo

PAGEIPA	EFANTLE
GERTI	KRODILKO
WELÖSEE	GUKÄNRU
RIGOLA	RAFGIFE

Quelle: nach Hoppe, Irene/ Schwenke, Jutta (2013): Auf den Anfang kommt es an. Basale Lesefähigkeiten sicher erwerben. Online: https://bildungsserver.berlin-brandenburg.de/fileadmin/bbb/schule/grundschulportal/publikationen_grundschule/auf_den_anfang_kommt_es_an_2013.pdf (Zugriff: Juni 2023)

84. Förderbox Lesen

Gesellschaftsspiele:

- Die Lese-Ratte, Ravensburger
- E wie Elefant, Ravensburger
- Die Maus Mit Köpfchen, Schmidt Spiele
- Lachen Lachen, Schmidt Spiele
- Zingo!, ThinkFun
- Wumpel, Prolog Verlag

Lernspiele:

- Lies genau! Lesespiel mit ähnlichen Wörtern, Lingoplay
- Silbenkönig, Lingoplay
- Alles Ba-na-ne, Lingoplay
- Lese-Champions – Einfache Sätze lesen, Lingoplay

Lesebuch:

- Erst ich ein Stück, dann du, cbj

Arbeitshilfe:

- Leseschablone
- Leseaugen

85. Wortgrenzen Abstandshalter

Material:

- Holzstäbchen
- Filzstifte

Manchen Schüler*innen fällt es besonders schwer Wortgrenzen einzuhalten, sie haben noch nicht verinnerlicht, dass zwischen den Wörtern Abstand gehalten werden muss. Als Hilfsmittel kann ein individuell gestaltetes Holzstäbchen (inkl. des Namens) dienen. Zunächst wird ein Wort aufgeschrieben, dann wird bewusst darauf aufmerksam gemacht, dass ein neues Wort beginnt, also halten wir Abstand und legen das Holzstäbchen direkt am Ende des ersten Wortes an, bevor das neue Wort aufgeschrieben wird.

Quelle: nach Wolf, Lisa (2018): Leerzeichen-Stäbchen. Motivierendes Differenzierungsmaterial, um Wortabstände beim Schreiben in der Grundschule einzuhalten. Online: https://schoolpioneer.com/index.php/2018/10/24/leerzeichen-staebchen-motivierendes-differenzierungsmaterial-um-wortabstaende-beim-schreiben-in-der-grundschule-einzuhalten/ (Zugriff: Februar 2023)

86. Wie viele Wörter finden wir?

Material:

- Schreibpapier
- Vorlage-Wörterrekord

Zu einem Buchstaben werden alle Wörter aufgeschrieben, die den Schüler*innen einfallen. Die Gesamtwörteranzahl wird in die Vorlage (siehe Quelle) notiert. Dies stellt einen besonders hohen Anreiz dar, zu einem anderen Buchstaben noch mehr Wörter zu finden.

Quelle: nach Anonymus (2020): Wörter-Rekord. Online: instagram/grundschul_seele (Zugriff: Februar 2023)

Quelle Vorlage-Wörterrekord: nach Anonymus (o. J.): Wörterrekord. Online: https://www.grundschullottchen.de/product-page/w%C3%B6rterrekord (Zugriff: Februar 2023)

87. Wörter-Werkstatt

Zur Sicherung von Wörtern jeglicher Art (Grundwortschatz, Lernwörter, Wortarten etc.) folgen einige Angebote, die den Schüler*innen ein Training auf unterschiedlichen Lernkanälen anbietet. Je nach Lerntyp der Schüler*innen werden visuelle, bewegte oder spielerische Übungen vorgestellt, die das Üben der Wörter vielseitig gestalten.

Minuten schreiben

Material:

- Wortkarten
- Stoppuhr
- Schreibpapier

Jedes Wort das geübt werden soll, ist auf einer Karte sichtbar. Die Karte wird auf das Schreibpapier gelegt und schon geht es los. Die Stoppuhr wird gestellt und der*die Schüler*in schreibt das Wort so oft wie möglich in einer Minute auf. Am Ende der Übung wird kontrolliert, welches Wort am häufigsten in einer Minute aufgeschrieben wurde.

Schleichdiktat

Material:

- Lernwörter
- Schreibpapier
- Bleistift

Bei dem Schleichdiktat werden die Lernwörter im Raum verteilt. Die Schüler*innen laufen zu diesen hin, lesen sie und merken sie sich, bis zu ihrem Platz zurückgekehrt sind. Dort werden die Lernwörter dann aus dem Gedächtnis heraus aufgeschrieben.

Das Spiel mit den Buchstaben
Wörter üben

Wendediktat

Material:

- Textkarte: Vorderseite: Wörter o. kurze Sätze/ Rückseite: Lineatur
- Bleistift

Das Wendediktat wird von den Schüler*innen am Platz bearbeitet. Auf der Textkarte stehen Wörter oder kurze Sätze. Der*die Schüler*in liest sich die Textkarte zuerst durch. Nun werden einzelne Wörter oder gleichzeitig mehrere Wörter abgespeichert, die Textkarte gewendet und die gemerkten Wörter auf die Rückseite der Textkarte aufgeschrieben.

Wörter fädeln

Material:

- dünne Schnürsenkel
- Buchstabenwürfel zum Fädeln
- Wortkarten

Die Schüler*innen fädeln die Buchstabenwürfel gemäß einem vorgegebenen Wort auf.

Wörter kneten

Material:

- Knete
- Wortkarten
- ggf. Unterlage

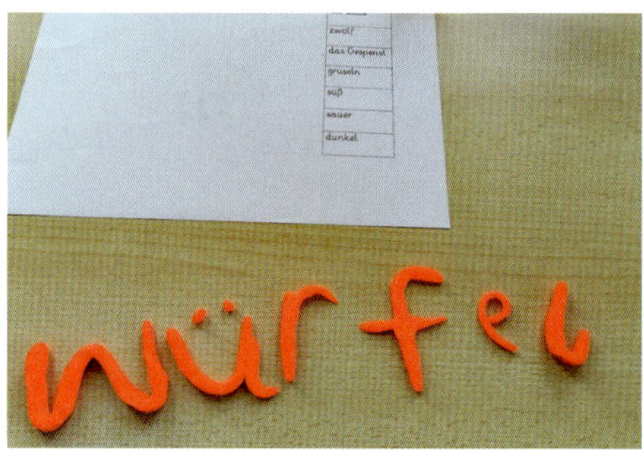

Die Schüler*innen kneten das vorgegebene Wort nach.

Wörter stemplen

Material:

- Buchstabenstempel
- Papier
- Wortkarten

Die Schüler*innen stempeln mit den Buchstabenstempeln die Wörter auf Papier.

Magnet Wörter

Material:

- Spiel Laptop mit Magnettafel
- Buchstaben-Magnete
- Magnet-Tiere

Auf der Magnettafel des Spiel Laptops werden die Magnet Tiere befestigt. Neben den Tieren legen die Schüler*innen nun das Wort mit den Buchstaben Magneten nach.

Wörter auf der Wäscheleine

Material:

- Magnettafel
- Schnur
- zwei Magnete mit Klammer

- kleine Wäscheklammern
- Buchstabenkarten
- Bildkarten

Auf der Magnettafel wird die Schnur wie eine Wäscheleine mit den Magneten mit Klammern befestigt. Am Anfang der Wäscheleine wird die Bildkarte mit einer kleinen Wäscheklammer aufgehangen. Die Schüler*innen befestigen nun nacheinander die Buchstabenkärtchen mit den Wäscheklammern, bis das Wort vollständig zu lesen ist.

Wörter sortieren

Material:

- Wortkarten

Die Wortkarten werden entweder der Länge nach (das kürzeste Wort startet) oder nach dem Alphabet von den Schüler*innen sortiert.

Wörter tippen

Material:

- Wortkarten
- Fotohalter mit Clip
- PC-Tastatur

Die Schüler*innen stecken die Wortkarte auf den Fotohalter mit Clip und tippen das Wort nun auf der Tastatur ab.

Dreimal üben auf einem Streich

Material:

- Wortkarten
- Scrabble-Buchstabenplättchen aus Holz
- Vorlage Lesen, Legen, Schreiben
- Folienstift

Bei dieser Übung wird jeweils ein Wort auf unterschiedliche Weise geübt und erfahren. Zunächst suchen sich die Schüler*innen eine Wortkarte aus, lesen das Wort und legen es auf die laminierte Vorlage (siehe Quelle) in das Feld „Lesen". Im nächsten Schritt legen sie mit den Scrabble-Buchstabenplättchen das Wort im Feld „Legen" nach. Als dritte Übung wird das Wort im Feld „Schreiben" korrekt mit dem Folienstift in die Lineatur geschrieben.

Quelle Minuten schreiben: nach Rinderle, Bettina (2017): Die Fresch-Strategie Merkwörter. Online: https://zebrafanclub.de/fresch-strategie-merkwoerter/ (Zugriff: Januar 2023)

Quelle Schleichdiktat: nach Breuer, Kerstin (2015): Lernwörterübungen: Dosendiktat und Schleichdiktat. Online: https://materialwiese.de/2015/10/lernworterubungen-dosendiktat-und.html (Zugriff: Februar 2023)

Quelle Wendediktat: nach Grundschulkönig (2023): Übungen zum Wendediktat. Online: https://

www.grundschulkoenig.de/deutsch/diktatformen/wendediktat/#:~:text=Bei%20einem%20Wendediktat%20wird%20der,die%20R%C3%BCckseite%20des%20Blattes%20auf. (Zugriff: Februar 2023)

Quelle Wörter fädeln, Magnet Wörter: unbekannt

Quelle Wörter stempeln: nach Breuer, Kerstin (2018): Neue Lernwörterübung: Stempelwörter. Online: https://materialwiese.de/2018/10/neue-lernwoerteruebung-stempelwoerter.html (Zugriff: Februar 2023)

Quelle Wörter auf der Wäscheleine: nach Ganser, Bernd (2019): Das kann ich schon im (Vor-)Schulalter, Band 1. Übungen, Materialen und Kopiervorlagen zur Vorbereitung auf die Schule. 4. Auflage. Augsburg: Auer

Quelle Wörter sortieren: nach Scheufler, Vanessa (2022): Lernwörter üben im zweiten Schuljahr. Online: https://endlich-pause.de/lernwoerter-ueben-im-zweiten-schuljahr/ (Zugriff: Februar 2023)

Quelle Wörter tippen: nach der Lehrkraft Dischek, Gabriele (sie wurde durch instagram/schulinsel inspiriert)

Quelle Dreimal üben auf einem Streich, Wörter kneten: nach Šimić, Martina (2018): Lesen, Legen, Schreiben. Online: https://dieschulinsel.jimdofree.com/2018/06/07/lesen-legen-schreiben/ (Zugriff: Februar 2023)

88. Finde mich!

Material:

- Wortkarten (auf jeder dritten Karte das Wort, das trainiert wird)
- KV Finde mich zum Beschriften

Mit Hilfe der Wortkarten können Wörter geübt werden, die häufig vorkommen (z. B. und, mit, ich) Beschriften Sie ca. 20 bis 25 Wortkarten (KV) mit einfachen Worten, dabei sollte auf jeder dritten Karte das Wort stehen, welches trainiert werden soll. Die Wortkarten werden als Stapel in die Hand genommen und nacheinander aufgedeckt.
Wird das Wort aufgedeckt, welches geübt wird, soll der*die Schüler*in etwas Bestimmtes tun, auf das Sie sich zuvor geeinigt haben (eine Glocke läuten, eine Klingel drücken, etc.).
Der*die Schüler*in soll im Anschluss das Wort buchstabieren. Der Spaßfaktor wird erhöht, wenn Jokerkarten in das Spiel eingebaut werden (in der KV mit Stern markiert). Jedes Mal, wenn ein Joker aufgedeckt wird, soll das Kind etwas anderes machen (einmal um sich selbst drehen, zur Tür laufen, dreimal klatschen, etc.).

Quelle: nach Gorschlütter, Jutta / Gorschlüter, Marie (2022): Wenn Lernen schwierig ist. Alles, was den Lernalltag mit Kindern erleichtert. Stuttgart: Verlag W. Kohhammer

89. U-Boot abtauchen

Material:

- Flache Glasschale (Auflaufform)
- Wortkarten
- Wasserperlen
- Trinkglas oder Teelichtglas

Die Schüler*innen bekommen ein Trinkglas. Dies ist ihr „U-Boot“, mit Hilfe dessen sie auf Wörtersuche gehen. Die Glasschale ist mit Wasserperlen gefüllt und unterhalb der Schale liegen Wortkarten auf dem Tisch (Grundwortschatz, Lernwörter, o. Ä.). Werden die Trinkgläser jetzt in der Schale abgestellt und am Boden bewegt, erscheinen die Wortkarten unterhalb der Schale.
Findet ein*e Schüler*in ein Wort, liest es dies und schreibt es auf ein bereit gelegtes Papier oder Heft ab.

Tipp:
Wasserperlen werden von verschiedenen Herstellern angeboten. Man legt sie in Wasser, damit sie sich vollsaugen können und ihre volle Größe erreichen.

Quelle: nach Trapp, Nicole (2021): Wörter lesen und schreiben in der Förderzeit. Online: instagram/ fraulocke_grundschultante (Zugriff: Juni 2023)

90. kleine Wörter – große Wörter

Material:

- keins

Die Schüler*innen stellen sich für dieses bewegte Spiel hinter ihren Stuhl. Sie nennen nun nacheinander einige Nomen und Verben. Sind die Schüler*innen der Meinung, dass das genannte Wort ein Verb ist und demnach kleingeschrieben wird, gehen sie in die Hocke. Sollte das genannte Wort ein Nomen sein, so strecken die Schüler*innen ihre Arme so hoch wie nur möglich in die Luft, um darzustellen, dass das Wort großgeschrieben werden müsste.

Quelle: nach Friedl, Johanna (2012): Die besten Spiele für den Anfangsunterricht. München: Oldenbourg

91. Nomen sortieren

Material:

- Wortkarten Menschen, Tiere, Pflanzen, Dinge/Gegenstände
- Formen des Spiels Blinde Kuh, Ravensburger

Damit die Schüler*innen die Erkennungsmerkmale von Nomen handlungsorientiert üben können, werden diese sortiert. Die Wortkarten Menschen, Tiere, Pflanzen und Dinge/ Gegenstände werden hierzu in einem Quadrat aneinander ausgelegt. Nacheinander ziehen die Schüler*innen nun eine Form und legen sie zur entsprechenden Wortkarte.

Tipp:
Zur weiteren Vertiefung wäre die nächste Schwierigkeitsstufe, dass die Schüler*innen nun nicht Gegenstände sortieren, sondern Wortkarten, die sie lesen müssen.

Quelle: nach Hopf, Anne (2021): Die vereinfachte und praktische Einführung der Nomen. Hugo hilft. Online: https://grundschul-blog.de/vereinfachte-praktische-einfuehrung-nomen-hugo-hilft/ (Zugriff: Februar 2023)

92. Klatsch die Wortart

Material:

- Karten: Nomen, Verben, Adjektive
- Fliegenklatsche pro Mitspieler*in
- Muggelsteine
- evtl. Tisch

Zur Festigung der Wortarten werden die drei Karten: Nomen, Verben und Adjektive auf dem Tisch oder Boden verteilt. Falls auf dem Boden gespielt wird, sitzen die Schüler*innen im Kreis um die Wortarten herum. Sofern die Karten auf dem Tisch liegen, stellen sich die Schüler*innen um den Tisch. Jede*r Schüler*in erhält eine Fliegenklatsche. Und schon kann es losgehen: Sie benennen ein Wort und die Schüler*innen klatschen mit der Fliegenklatsche schnell auf die entsprechende Wortart. Wer am schnellsten war, gewinnt einen Muggelstein. Sieger*in ist das Kind mit den meisten Muggelsteinen.

Quelle: nach Busch, Carina (2022): Fliegenklatschspiel Wortarten. Online: https://diegrundschultante.blogspot.com/2022/02/fliegenklatschspiel-wortarten.html#:~:text=Die%20Kinder%20arbeiten%20gerne%20mit,m%C3%B6glich%20auf%20die%20passende%20Wortartenmappe. (Zugriff: März 2023)

93. Waschtag

Material:

- Wörter in Großbuchstaben
- Wäscheleine
- Wäscheklammern
- Sortierkarten für Nomen, Verben und Adjektive

Die Wäscheleine wird im Raum auf Höhe der Kinder befestigt. Jedes Kind soll nun ein Wort aus dem Wäschekorb entnehmen, lesen und der jeweiligen Wortart zuordnen. Im Anschluss wird es zur Sortierkarte an die Wäscheleine gehängt.

Tipp:
Im jeweiligen Lehrwerk der Schule gibt es eine farbliche Unterscheidung der Wortarten bzw. ein Symbol für jede Wortart. Es empfiehlt sich, diese für den „Waschtag" zu übernehmen.

Quelle: unbekannt

94. Schreib doch mal!

Material:

- Bilderbuch nach Wahl
- Pappe
- KV Schreib doch mal

Nachdem ein Bilderbuch vorgelesen wurde, werden die Schüler*innen selbst zu Autoren*innen. Mit Hilfe der Faltanleitung für ein Bilderbuch haben sie ein Grundgerüst. Auf der vordersten Seite wird das der Buchdeckel und der Titel des Buches gestaltet. Jetzt wird Seite für Seite aufgeklappt und die Geschichte mit eigenen Worten geschrieben und Bilder dazu gemalt oder geklebt. Jede*r Schüler*in erhält so ein eigenes kleines Bilderbuch, das im Anschluss vorgestellt werden kann.

Quelle: unbekannt

95. Zu Bildern schreiben

Material:

- Liniertes Schreibpapier inkl. Bild

Auf dem linierten Schreibpapier, werden unterschiedliche Bilder kopiert. Hier können immer passende Themen (u. a. zur Jahreszeit) aufgegriffen werden. Die Schüler*innen wählen sich ein Bild aus und schreiben dazu, je nach ihren Fähigkeiten, einzelne Wörter oder kurze Sätze. Auch eigene Erlebnisse können verschriftlicht werden.

Tipp:
Bei dieser Übung können ebenso die korrekte Schreibweise des Satzanfangs und das Satzzeichen geübt werden.

Quelle: nach Schäfer, Susanne (2017): Die Schnipselkiste. Online: http://www.eisbaerenklasse.de/kommentare/die-schnipselkiste....78/ (Zugriff: Februar 2023)

96. Durch die Lupe sehe ich ...

Material:

- KV Durch die Lupe sehe ich
- Schreibpapier mit Lineatur
- Bildmaterial mindestens in Größe A4

Thematisch können Bilderbücher, Wimmelbilder oder Wimmelbilderbücher und Kamishibai-Bildkarten für diese Übung genutzt werden. Drucken Sie die Kopiervorlage mehrfach aus, in der Mitte des Lupenglases schneiden Sie jeweils ein Guckloch aus und laminieren die Lupen-Vorlagen. Die Schüler*innen suchen sich nun eine Seite oder eine Szene aus und legen die Lupen-Vorlage darauf. Zunächst wird verbalisiert, was im Bildausschnitt der Lupe entdeckt wird. Nun kann in zwei Differenzierungsstufen gearbeitet werden. Entweder schreiben die Schüler*innen alle Wörter auf, die es durch die Lupe sehen kann oder es wird bereits ein Satz zu der ersichtlichen Szene formuliert und aufgeschrieben. Sofern mit der Übung ein Bilderbuch bearbeitet wird, haben die Schüler*innen die Möglichkeit den ausgewählten Inhalt individuell zu verschriftlichen.

Quelle: nach Gerstenberg Verlag GmbH & Co. KG (2013): Leselupe. Online: https://www.wimmlingen.de/leselupe/ (Zugriff: April 2023)

Quelle Bilderbuchkarte: Näger, Sylvia (2017): Bilderbuchkarten »Frederick« von Leo Lionni. Mit Booklet zum Umgang mit 12 Bilderbuchkarten für das Kamishibai. Weinheim: Beltz

97. Förderbox Rund um die Buchstaben

Gesellschaftsspiele:

- Ich schenke dir ...!, Kallmeyer
- Buchstabensuppe, Schmidt Spiel

Lernspiele:

- Auslaute hören, aber wie schreiben? - p/b, t/d, k/g, ß/s, Lingoplay
- Lernspiel Großbuchstaben, Erzi
- Lernspiel Kleinbuchstaben, Erzi
- Verben Bingo, Klett Sprachen

Material:

- Story Cubes, Asmodee | Zygomatic
- Erzählkiesel, Betzold
- Zuerst, danach, ... und dann?, Don Bosco
- Wörter Legen aus Holz, small foot

Teil D:
Das Spiel mit den Zahlen

98. Ziffernsprüche

Material:

- A4 Papier oder Tafel
- Merksprüche für Ziffern

Um die Schreibweise der Ziffern zu verinnerlichen, benötigen die Schüler*innen unterschiedliche Angebote. Bei Herausforderungen in der Merkfähigkeit zur Schreibrichtung wird der Spruch zeitgleich zum Schreiben gesprochen.
Die Ziffernsprüche dienen dadurch der Motivation und lassen den Bewegungsablauf einprägsam werden.

Tipp:
Es gibt kostenlose Materialien mit Merksprüchen für Ziffern z. B. unter

https://vs-material.wegerer.at/aso/mathe/allgemein/spruechezahleinfuehrung.pdf oder bei eduki/Frau Montag „Spruchkarten für die Zahleneinführung 0–9".

Quelle: nach Schulimpulse (o. J.): Ziffernschreibkurs: Geschichten und Merksprüche zu den Ziffern 0–9. Online: https://www.schulimpulse.de/ziffernschreibkurs-geschichten-und-merksprueche-zu-den-ziffern-0-9/ (Zugriff: Juni 2023)

99. Ziffern mit allen Sinnen

Zur Automatisierung der Ziffern folgen einige Angebote, die den Schüler*innen ein Training auf unterschiedlichen Lernkanälen anbietet. Je nach Lerntyp der Schüler*innen werden visuelle, bewegte oder Sinnes-Übungen vorgestellt, so dass die Ziffern sehr differenziert wahrgenommen werden können.

Ziffern mit Farbe

Material:

- Wiederverschließbare Plastiktüten
- Fingerfarbe

Die Plastiktüten werden mit Fingerfarbe gefüllt und sorgfältig verschlossen. Die Schüler*innen können nun Ziffern in die Farbe schreiben und die Finger bleiben sauber.

Ziffern im Sand schreiben

Material:

- Vogelsand
- Tablett

Ziffern mit Knete formen

Material:

- Knete

Ziffern auf dem Boden ablaufen

Material:

- Springseile oder Kreppband

Ziffern an der Tafel nachspuren

Material:

- Kreide
- Tafel

Regenbogenziffern malen

Material:

- Weißes Papier
- Wachsmalstifte

Ziffern nachlegen

Material:

- Muggelsteine
- Knöpfe
- Vorlage der Ziffer

Ziffern zum Anfassen

Material:

- Ziffern als Objekt zum Anfassen in unterschiedlichen Materialien und Größen

Ziffern im Schaum schreiben

Material:

- Rasierschaum
- Feuchtes Tuch oder Schwamm

Ziffern kleben

Material:

- A5-Papier mit Zahlen 0–9
- Kleber
- Verschiedene Materialien zum Bekleben (Samen, Wattebäusche, Linsen, Bügelperlen, Nudeln, Glitter, Federn)

Alle Schüler*innen bekommen ein Papier mit einer Ziffer. Diese Ziffer soll mit den unterschiedlichen Materialien beklebt werden.
Wenn der Kleber getrocknet ist, können die Zahlen befühlt werden. Aus den Fühlzahlen kann ein Buch entstehen, oder aber eine „Zahlenwand“ zum Anfassen.

Quelle: nach Johnson, Virginia (2008): Mathe kann man anfassen! 225 Ideen und Materialien für den handlungsorientierten Anfangsunterricht. Mülheim an der Ruhr: Verlag an der Ruhr

100. Ziffernglück

Material:

- KV Ziffernglück
- Würfel
- Stift

Jede*r Mitspieler*in erhält den Spielplan ZifferGlück, einen Würfel und einen Stift. Jetzt wird abwechselnd gewürfelt und ein vorgegebener Buchstabe entsprechend oft in ein freies Feld geschrieben.

Der jeweilige Buchstabe sollte dabei benannt und auf die Schreibrichtung geachtet werden.

Wer zuerst alle Felder gefüllt hat, hat gewonnen.

Quelle: nach Gorschlütter, Jutta/ Gorschlütter, Marie (2022): Wenn Lernen schwierig ist, Alles was den Lernalltag mit Kindern erleichtert. Stuttgart: Verlag W. Kohlhammer

101. Schnapp dir den Ball

Material:

- Softball

Die Schüler*innen stellen sich im Kreis auf. Nacheinander nennen Sie den Schüler*innen ihre persönliche Zahl, indem Sie durchzählen. Diese Zahl müssen sich die Schüler*innen einprägen. Denn nun werfen Sie den Softball in die Höhe und nennen dabei eine Zahl (z. B. 5). Das Kind mit der Zahl 5 versucht nun schnell den Softball zu fangen, bevor er auf den Boden fällt. Ist dies geglückt, darf es nun den Softball hochwerfen und die nächste Zahl nennen.

Quelle: nach Bierögel, Sybille/ Hemming, Antje (2008): Bewegungsspiele im Klassenzimmer. Neue Ideen für alle Grundschulfächer. München: Hase und Igel Verlag

102. Klick Klack

Material:

- Ziffernkarten 1–10
- 10 Murmeln
- Plastikbecher

Sie und der*die Schüler*in setzen sich hintereinander hin. Das Kind kann nicht sehen, was hinter seinem Rücken geschieht. Sie werfen nun langsam, nacheinander jeweils eine Murmel in den Becher, bis maximal zehn Stück. Bei der jeweiligen letzten Murmel sagen Sie „Klick-Klack“. Das Kind sagt nun, wie viele Murmeln es beim Zuhören gezählt hat und zeigt Ihnen die passende Ziffernkarte dazu. Ob die Anzahl stimmt, kontrollieren Sie durch gemeinsames Nachzählen.

Quelle: Fonck, Stefanie (2018): Willkommen in der Schulkindbetreuung. 4. Auflage. Dortmund: *BORGMANN MEDIA*

103. Zählen mit Dominosteinen

Material:

- Dominosteine

Die Dominosteine werden so auf den Tisch gelegt, dass die Punkte nicht zu sehen sind. Zwei Schüler*innen dürfen nun nacheinander je einen Dominostein aufdecken und zählen, wie viele Punkte sich insgesamt auf dem Dominostein befinden. Wer mehr Punkte auf seinem Dominostein hat gewinnt und darf beide Dominosteine nehmen. Am Spielende wird gezählt, wer die meisten Dominosteine gewonnen hat.

Quelle: nach Senatsverwaltung für Bildung, Wissenschaft und Forschung (o. J.): Lerndokumentation Mathematik. Anregungsmaterialien. Online: https://www2.mathematik.tu-darmstadt.de/~herrmann/schule/material.pdf (Zugriff: Januar 2023)

104. Käfer Blätter

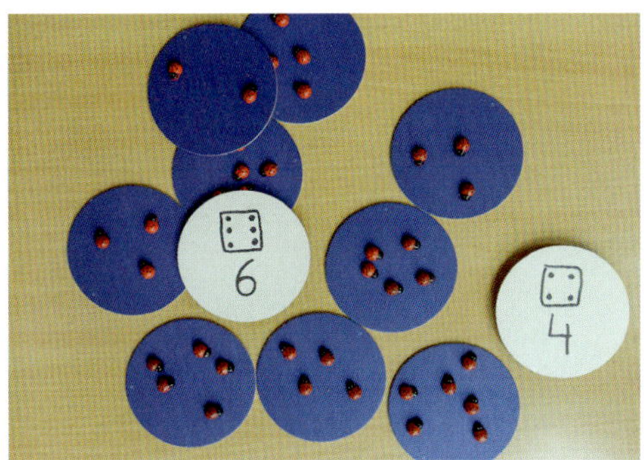

Material:

- Bierdeckel
- Holzkäfer
- Schwarzer Filzstift

Die Bierdeckel werden auf einer Seite mit 1–6 Holzkäfern beklebt. Auf der Rückseite wird die passende Kontrollzahl mit einem Filzstift markiert. Die Schüler*innen erhalten einen Bierdeckel mit geschlossenen Augen und können so tastbare Mengenbilder von 1–6 bestimmen. Zur Selbstkontrolle sind auf der Rückseite das passende Würfelaugenbild bzw. die passende Zahl vermerkt.

Tipp:
Im Rahmen einer weiteren Spielvariante können die Bierdeckel auch in die richtige Reihenfolge gebracht werden.

Quelle: nach Omonsky, Claudia/ Seidel, Bettina (2015): Lernpalette Mathematik: Schüler mit geistiger Behinderung arbeiten im Zahlenraum bis 10. Buxtehude: Persen Verlag GmbH

105. Knotenbänder

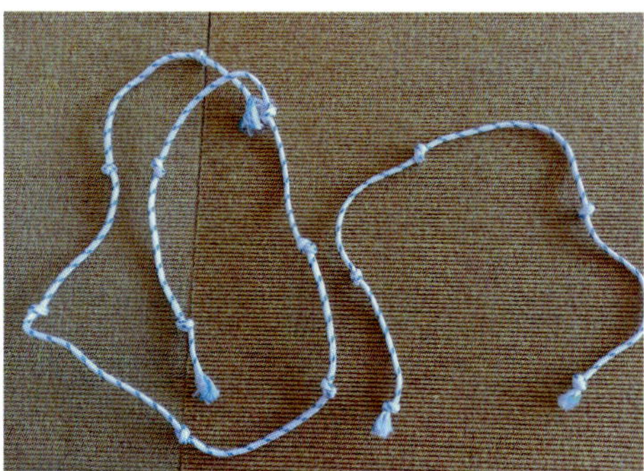

Material:

- Seile oder Bänder, ca. 0,5 m bis 1 m lang

Die Seile werden mit Knoten vorbereitet. Pro Seil sollten die Knoten unregelmäßig angeordnet und in der Menge unterschiedlich viele sein.
Die Schüler*innen sollen die Knoten pro Seil zählen, indem sie das Seil durch ihre Hand gleiten lassen. Dies kann mit geöffneten Augen (leichter) oder mit geschlossenen Augen (schwieriger) durchgeführt werden. Bei jedem erfühlten Knoten zählt das Kind laut weiter und verkündet am Ende, wie viele Knoten sich im Band befinden.

Quelle: nach Mönning, Petra (2015): Kreative 5 Minuten: Feinmotorik. Hamburg: AOL Verlag

106. Fühl doch mal

Material:

- Bierdeckel
- Klettpunkte

Der*die Schüler*in findet verschiedene Bierdeckel vor sich, die auf einer Seite mit Klettpunkten beklebt sind.

Immer zwei Deckel sind mit derselben Anzahl von Klettpunkten beklebt, einmal als Würfelbild, einmal unsortiert. Nun sollen identische Anzahlen gefunden werden.

Das Spiel kann auch der Gruppenfindung dienen. Die Schüler*innen bekommen jeweils einen Bierdeckel und sollen nun den Partner mit derselben Anzahl Klettpunkten finden. Dies kann ohne Worte, nur durch das Befühlen der jeweiligen Deckel stattfinden.

Quelle: nach Faßbender, Petra (2016): Vorschulideen auf dem Lerntablett serviert. 44 motivierende Fotokarten zum entdeckenden Lernen. Mühlheim an der Ruhr: Verlag an der Ruhr

107. Regenwolken Tropfen

Material:

- Muggelsteine

Jede*jeder Mitspieler*in nimmt sich 5 Muggelsteine aus einem Säckchen in eine Hand. Die Hand wird hochgehalten und zur Faust geschlossen. Die Lehrkraft erzählt eine Wettergeschichte:

Das ist unsere „Wolke". *Faust*
In der Wolke befinden sich Regentropfen *Muggelsteine*
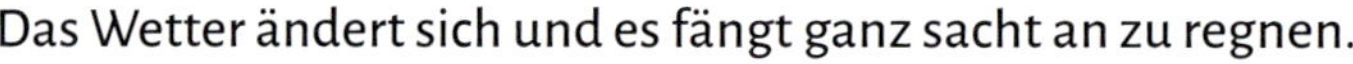
Das Wetter ändert sich und es fängt ganz sacht an zu regnen.
Ein Tropfen fällt auf die Erde. *Das Kind soll einen Muggelstein aus der Hand entfernen und auf den Tisch legen*
Wie viele Regentropfen sind noch in der Wolke? *Das Kind soll versuchen, ohne die Faust zu öffnen, die Anzahl zu bestimmen. Sollte es schwierig sein, die Faust öffnen und nachzählen*
Es fängt stärker an zu regnen. 2 Tropfen fallen auf die Erde. Usw ...

Tipp:
Für die Schüler*innen ist es herausfordernd, die Muggelsteine leise auf dem Tisch abzulegen. Man kann daraus den Versuch starten, wer die „Tropfen" am leisesten auf den Tisch legen kann. Um den Schwierigkeitsgrad zu erhöhen, können mehr Muggelsteine in die Hand genommen werden. Je nach Handtellergröße kann es dadurch schwieriger werden.

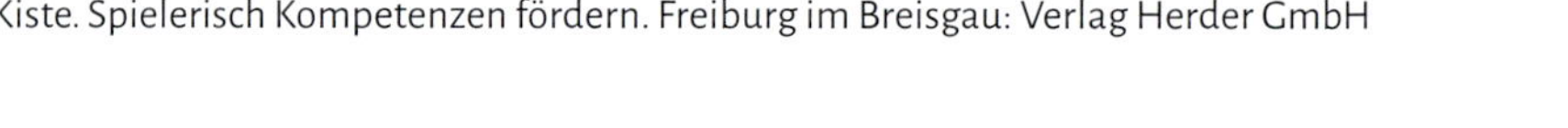
Quelle: nach Seeger, Dorothee/ Schwank, Elisabeth/ Schwank, Inge/ Holodynski, Manfred (2021): Mathe – Kiste. Spielerisch Kompetenzen fördern. Freiburg im Breisgau: Verlag Herder GmbH

108. Eiscafé

Material:

- 21 dicke Holzkugeln
- 6 Eisbecher
- Ziffern oder Würfelbilder von 1–6
- evtl. Eisportionierer

Die Eisbecher stehen auf dem Tisch und jeweils im Becher befindet sich eine Ziffernkarte oder ein Würfelbild. Entsprechend der Ziffer oder des Würfelbildes, können nun die Holzkugeln (Eisbällchen) eingefüllt werden.
Interessant wird es für die Kinder, wenn mehr Kugeln als benötigt im Vorratsbehälter sind. Sollten am Ende, nach Verteilen der Eisbällchen, noch Kugeln übrig sein, zählen sie in der Regel nochmal alle Schalen nach.

Quelle: nach Johnson, Virginia (2008): Mathe kann man anfassen! 225 Ideen und Materialien für den handlungsorientierten Anfangsunterricht. Mülheim an der Ruhr: Verlag an der Ruhr

109. Klettmappe Mengen

Material:

- Papierhefter
- Klettpunkte
- KV Klettmappe Mengen

Die Papierhefter werden mit Bildkarten und Klettpunkte beklebt (s. Foto). Die Schüler*innen können mit der Klettmappe Mengen zuordnen und sie an entsprechender Stelle anheften. Zur Selbstkontrolle kann die Lösung auf der Rückseite der Mappe befestigt werden.

Tipp:
Es gibt Klettmappen zu vielen verschiedenen Themenbereichen. Viele Vorlagen und Ideen findet man unter der Bezeichnung „strukturierte Arbeitsmappen" im Internet.

Quelle: nach Solzbacher, Heike (2011): Von der Dose bis zur Arbeitsmappe. Ideen und Anregungen für strukturierte Beschäftigungen in Anlehnung an den TEACCH-Ansatz. Dortmund: *BORGMANN MEDIA*

110. Wo sind meine Haare?

Material:

- KV Monster oder Kopf
- Wäscheklammern

Die Schüler*innen sollen den Monstern (oder Köpfen) ihre Haare zurückgeben. Entsprechend der Zahl oder Punktemenge auf der Nase, werden Wäscheklammern als Haare befestigt. Dazu nutzen Sie die KV in beliebiger Menge und beschriften die Monster (oder Köpfe) mit den im Unterricht eingeführten Zahlen.

Tipp:
Die Monster (Köpfe) können auch blanko benutzt werden und bekommen Haare entsprechend einer Würfelaugenzahl, die gewürfelt wird.

Quelle: nach Reinhardt, Gina (o. J.): Igel Stachel Wäscheklammern Spiel mit Vorlage. Online: https://www.ginasbunterkinderblog.de/igel-stachel-w%C3%A4scheklammern-spiel-mit-vorlage/ (Zugriff: Juni 2023)

111. Stapelturm

Material:

- 20–30 Würfel

Jede*r Schüler*in sucht sich eine Zahl zwischen 1 und 6 aus und merkt sich diese. Alle Würfel werden nun gleichzeitig auf dem Tisch oder den Boden geworfen. Jede*r Mitspieler*in sucht nun die Würfelbilder entsprechend der gemerkten Zahl, sammelt sie und soll daraus einen Turm stapeln. Im Anschluss können die Türme verglichen werden. Welcher Turm ist höher?
Wie viele Würfel ist ein Turm höher als der andere?

Quelle: nach Gorschlüter, Jutta/ Gorschlüter, Marie (2022) Wenn lernen schwierig ist. Alles, was den Lernalltag mit Kindern erleichtert. Stuttgart: Verlag W. Kohlhammer

112. Klatsch die Zahl

Material:

- Würfel
- Fliegenklatschen
- Zahlkarten

Alle Schüler*innen setzen sich in einen Kreis. Ein*e Schüler*in wird bestimmt, der*die als Erste würfeln darf. Alle anderen Mitspieler*innen erhalten eine Fliegenklatsche. Das Kind mit dem Würfel spricht: „Auf die Plätze fertig los" und würfelt. Ist der Würfel gefallen, müssen die Mitspieler*innen mit den Fliegenklatschen schnell reagieren und auf die entsprechende Zahl klatschen. Das Kind, das am schnellsten reagiert hat, gewinnt die Zahlkarte und darf als nächstes würfeln.

Tipp:
Um den Zahlenraum zu erhöhen, verwenden Sie einen Würfel mit einer höheren Augenzahl und den entsprechenden Zahlkarten (z. B. 30er-Würfel).

Quelle: nach Harms, Petra / Wallek, Hanna (2017): 54 schnelle Mathe-Spiele für den Anfangsunterricht. Hamburg: Persen Verlag

113. Goldrausch

Material:

- Würfel
- Schatztruhe
- viele Goldtaler

Zunächst wird ein*e Schatzwächter*in bestimmt, indem jede*r Schüler*in würfeln darf. Das Kind, das zuerst eine 6 würfelt, erhält die Schatztruhe mit den Goldtalern. Der*die Schatzwächter*in verteilt nun an jede*n Mitspieler*in 10 Goldtaler. Zudem darf der*die Schatzwächter*in in jeder Spielrunde bestimmen, was die goldene Zahl ist (z. B. die 4). Alle Mitspieler*innen müssen nun versuchen eine 4 zu würfeln. Wird eine andere Zahl gewürfelt, muss ein Goldtaler an den*die Schatzwächter*in gezahlt werden. Der Goldrausch ist beendet, wenn ein*e Mitspieler*in keine Goldtaler mehr besitzt.

Quelle: nach Hoffmann, Susanne/ Kessler, Annette (2013): 77 Lernspiele für Mathematik in der Grundschule. Für nachhaltiges und kompetenzorientiertes Lernen. Berlin: Cornelsen

114. Eins, Zwei, Drei und Setzen

Material:

- Schaumstoffwürfel
- Stühle

Für dieses bewegte Spiel wird zunächst ein Stuhlkreis gestellt. Die Schüler*innen stellen sich hinter ihrem Stuhl auf. Sie würfeln nun als erstes mit dem Schaumstoffwürfel. Wurde bspw. die 4 gewürfelt, zeigen Sie auf ein*e Schülerin der*die zu zählen beginnt. Nacheinander wird nun „Eins, Zwei, Drei …" gezählt. Das vierte Kind muss sich in diesem Beispiel dann auf den Stuhl setzen. Alle anderen Kinder spielen weiter (allerdings dürfen die Kinder, die bereits auf ihrem Stuhl sitzen nicht mehr mitzählen). Der*die Nachbarin des Kindes, das sich hingesetzt hat, startet wieder von Neuen mit „Eins" zu zählen. Bei der Zahl 4 setzt sich das nächste Kind. Das Spiel wird solange fortgeführt, bis nur noch ein*e Schüler*in steht. Der*die Sieger*in darf dann für die nächste Runde die neue Zahl mit dem Schaumstoffwürfel würfeln.

Quelle: nach Bartl, Almuth (2006): 111 kleine, lustige Spiele für den Mathematikunterricht. Donauwörth: Auer

115. Sternchenwürfeln

Material:

- Würfel
- Papier
- Stift
- Küchenwecker

Jede*r Schüler*in erklärt eine Zahl zwischen 1 und 6 zu der persönlichen Glückszahl. Diese Zahl wir deutlich auf den eigenen Zettel notiert. Mit einem Küchenwecker wird die Zeit ca. auf 2 Minuten eingestellt. Je mehr Mitspieler*innen, desto mehr Minuten. Jetzt geht es los:
Nacheinander wird nun schnell gewürfelt. Jede*r Schüler*in hat nur einen Versuch pro Runde. Sobald die eigene Glückszahl gewürfelt wird, darf man sich ein Sternchen auf den Zettel malen. Sieger*in ist derjenige oder diejenige, welche*r beim Klingeln des Weckers die meisten Sternchen erwürfeln konnte.

Quelle: Fonck, Stefanie (2018): Willkommen in der Schulkindbetreuung. 4. Auflage. Dortmund: *BORGMANN MEDIA*

116. Nix wie weg

Material:

- Würfel
- Muggelsteine

Jede*r Schüler*in erhält 10 Muggelsteine. Reihum wird nun gewürfelt. Der Augenzahl entsprechend dürfen genauso viele Muggelsteine in die Mitte gelegt werden. Wer ist zuerst seine Muggelsteine los?

Quelle: Fonck, Stefanie (2018): Willkommen in der Schulkindbetreuung. 4. Auflage. Dortmund: *BORGMANN MEDIA*

117. Würfel-Wettlauf

Material:

- Würfel
- Würfelbilder

Für dieses bewegte Spiel werden zunächst zwei Mannschaften gebildet, die sich dann parallel zueinander aufstellen. In einiger Entfernung zu den Mannschaften werden die Würfelbilder ausgelegt. Jeweils das erste Kind in der Reihe erhält den Würfel. Sobald das Startzeichen gegeben wurde, wird gewürfelt. Hat der*die Schüler*in eine 4 gewürfelt, rennt es zu den Würfelbildern und dreht diese dort um. Erst wenn es zurück zu der Mannschaft gekehrt ist, darf das nächste Kind würfeln. Die Mannschaft, die zuerst alle Würfelbilder umgedreht hat, gewinnt.

Quelle: nach Suhr, Antje (2006): Zahlen hüpfen – Buchstaben springen. Bewegungsspiele zur ganzheitlichen Schulvorbereitung. München: Don Bosco

118. Aufgepasst

Material:

- drei Würfel
- Plastikbecher
- Muggelsteine

Für dieses bewegte Spiel hocken sich alle Schüler*innen nebeneinander in einer Reihe hin. Sie knien vor den Kindern, so dass alle Ihre Handlung sehen können. In dem Plastikbecher würfeln Sie nun mit den drei Würfeln und setzen den Becher auf den Boden ab. Langsam heben Sie den Becher an, so dass die Würfel sichtbar werden. Erkennen die Schüler*innen eine gewürfelte 6, müssen sie sich schnell hinstellen. Das schnellste Kind gewinnt einen Muggelstein.

Quelle: nach Erkert, Andrea (2019): Die 50 besten Wahrnehmungsspiele. 14. Auflage. München: Don Bosco

119. Schulhof Rechnen

Material:

- zwei Schaumstoffwürfel
- 11 Pylonen
- Zahlenkarten 2–12

Für dieses bewegte Spiel werden auf dem Schulhof 11 Pylonen mit jeweils einer Zahlenkarte mit ausreichendem Abstand zueinander aufgestellt, so dass die Ergebnis-Zahlen gut zu erkennen sind. Die Schüler*innen stellen sich nebeneinander in Blickrichtung der Pylonen auf. Nun wird mit den beiden Schaumstoffwürfeln gewürfelt und die Würfelbilder addiert. Z. B. könnte die Aufgabe 5 + 4 lauten, also flitzen alle Schüler*innen schnell zu dem Pylon mit der 9. Sind alle Kinder am richtigen Pylon angekommen, kehren sie wieder in die Aufstellposition zurück, so dass neu gewürfelt werden kann.

Quelle: nach Blau, Petra (1995): Spiele für die Schule. Mathematik 1 für das1./2. Schuljahr. München: Oldenbourg Verlag

120. Verliebte Zahlen – Glücksrad

Material:

- Glücksrad
- Vorlage Glücksrad

Bei diesem Spiel werden die „Verliebten Zahlen" geübt, vor Spielbeginn sollten diese noch einmal gemeinsam wiederholt werden. Zunächst muss das Glücksrad allerdings noch vorbereitet werden. Auf dem Blog **www.materialwiese.de** wird freundlicherweise eine kostenlose Vorlage für einen neutralen Hintergrund für das Glücksrad zur Verfügung gestellt. Wenn auch die kostenlose Vorlage für die „Verliebten Zahlen" (siehe Quelle) auf das Glücksrad aufgebracht wurde, kann das Spiel schon starten, indem ein*e Schüler*in das Glücksrad drehen darf. Der*die Schüler*in nennt die Zahl bei dem das Glücksrad gestoppt hat und nimmt eine Wortmeldung eines Mitschülers oder einer Mitschülerin entgegen, der*die die entsprechende „Verliebte Zahl" nennen darf. Der*die Mitschüler*in darf als nächstes das Glücksrad drehen.

Quelle: nach Mergemeier, Mona (2022): Glücksradübung – Verliebte Zahlen. Online: https://mona-quergedacht.de/2022/04/15/gluecksraduebung-verliebte-zahlen/ (Zugriff: März 2023)

Quelle Glücksrad: Ikea LUSTIGT Drehscheibenspiel

121. Verliebte Zahlen – Klatschspiel

Material:

- Fliegenklatsche pro Mitspieler*in
- Vorlage Herzen
- evtl. Tisch

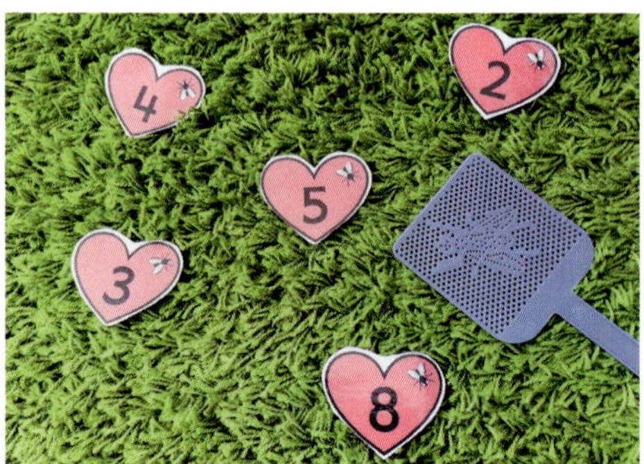

Die „Verliebten Zahlen“ werden zunächst gemeinsam mit den Schüler*innen wiederholt. Die Herzen (siehe Quelle) werden auf dem Tisch oder Boden verteilt. Falls auf dem Boden gespielt wird, sitzen die Schüler*innen im Kreis um die Bildkarten herum. Sofern die Bildkarten auf dem Tisch liegen, stellen sich die Schüler*innen um den Tisch. Jede*r Schüler*in erhält eine Fliegenklatsche. Und schon kann es losgehen: Sie fragen „ Was ist die ‚Verliebte Zahl‘ von der 8?“ und die Schüler*innen klatschen mit der Fliegenklatsche schnell auf das Herz mit der 2. Wer am schnellsten war gewinnt das Herz. Das Spiel ist beendet, wenn alle „Verliebten Zahlen“ richtig genannt wurden. Sieger*in ist das Kind mit den meisten Herzen.

Quelle: nach Killer, Steffen (2020): Verliebte Zahlen (Kartei zum Laminieren). Online: https://herrsonderbar.blogspot.com/2020/03/verliebte-zahlen-kartei-zum-laminieren.html (Zugriff: März 2023)

122. Verliebte Zahlen – Roulette

Material:

- Gymnastikreifen
- Murmel
- Vorlage Herzen

Der Gymnastikreifen liegt auf dem Boden, die kostenlosen Herzen (siehe Quelle) werden an der Innenseite des Reifens platziert. Die Schüler*innen sitzen um den Gymnastikreifen herum. Zunächst werden die „Verliebten Zahlen“ noch einmal gemeinsam wiederholt. Die Murmel wird nun von Ihnen am Innenrand des Gymnastikreifens angestoßen, so dass sie an der Innenseite des Reifens entlang rollt. Wer kann nun die passende „Verliebte Zahl“ nennen, bei der die Murmel stehen geblieben ist? Der*die Schüler*in der*die die richtige „Verliebte Zahl“ genannt hat, darf als Nächste*r die Murmel anstoßen und gewinnt das Herz.

Quelle: nach Jungmann, Tanja/ Morawiak, Ulrike/ Meindl, Marlene (2018): Überall steckt Sprache drin. Alltagsintegrierte Sprach- und Literacy-Förderung für 3- bis 6-jährige Kinder. 2. Auflage. München: Ernst Reinhardt Verlag

Quelle Herzen: Killer, Steffen (2020): Verliebte Zahlen (Kartei zum Laminieren). Online: https://herr-sonderbar.blogspot.com/2020/03/verliebte-zahlen-kartei-zum-laminieren.html (Zugriff: März 2023)

123. Verliebte Zahlen – Murmel-Schatz

Material:

- Schatzkisten mit je 10 Murmeln
- Augenbinden

Immer zwei Schüler*innen spielen zusammen und erhalten eine Schatzkiste, die mit 10 Murmeln gefüllt ist. Ein Kind setzt die Augenbinde auf. Das andere Kind nimmt bis zu 10 Murmeln aus der Schatzkiste und versteckt diese. Mit den Worten: „Nenn mir die Verliebte Zahl" darf das Kind die Augenbinde ablegen und überprüfen wie viele Murmeln sich noch in der Schatzkiste befinden. Dazu passend wird die „Verliebte Zahl" genannt. Zum Vergleich werden die versteckten Murmeln wieder hervorgeholt und in die Schatzkiste gelegt. Nun wechseln die Schüler*innen die Rollen.

Quelle: nach Erkert, Andrea (2008): Das Zahlenspiele-Buch. Spiele und Lieder rund um die ersten Zahlen, Formen, Grössen, Gewichte, Mengen, Uhr- und Jahreszeiten. Münster: Ökotopia Verlag

124. Wie viele Plättchen sind versteckt?

Material:

- Wendeplättchen
- Zahlenkarten (1–10) und ggf. +/-/= Zeichen
- Abdeckkarte

Die Wendeplättchen werden auf den Tisch gelegt. Zwei Schüler*innen spielen miteinander. Das eine Kind nimmt nun bspw. 8 Wendeplättchen und legt diese in eine Reihe. Zur besseren Orientierung werden die ersten 5 Wendeplättchen immer mit der roten Seite hingelegt und danach mit der blauen Seite. Zudem kann noch die passende Zahlenkarte neben den Wendeplättchen gelegt werden. Das andere Kind schließt nun die Augen, so dass mit der Abdeckkarte einige Wendeplättchen verdeckt werden können. Das Kind öffnet wieder die Augen und sagt, wie viele Plättchen nicht mehr zu sehen sind.

Tipp:
Zu diesen Aufgaben können die Umkehraufgaben geübt werden. In diesem Beispiel könnten mit den Zahlenkarten und den Rechenzeichen die Aufgaben 8 – 2 = 6 und 6 + 2 = 8 gelegt werden.

Quelle: nach Senatsverwaltung für Bildung, Wissenschaft und Forschung (o. J.): Lerndokumentation Mathematik. Anregungsmaterialien. Online: https://www2.mathematik.tu-darmstadt.de/~herrmann/schule/material.pdf (Zugriff: Januar 2023)

125. Parkplatz KIM

Material:

- Tablett, Washi-Tape
- Zahlenkarten
- 10 Spielzeugautos

Auf dem Tablett werden zehn nummerierte Parkbuchten mit dem Washi-Tape eingeteilt. Die Parkplätze werden mit den Spielzeugautos beparkt. Nachdem sich die Schüler*innen den Parkplatz genau angesehen haben, verändern Sie eine Parkposition. (Die Anzahl der Veränderungen darf der*die Schüler*in in den weiteren Durchgängen selber bestimmen.) Nun soll der „Falschparker" herausgefunden werden. Es müssen allerdings nicht alle Autos auf dem Parkplatz stehen, sondern beispielsweise nur auf den Parkbuchten 3, 7 und 10. So merkt sich der*die Schüler*in neben dem Aussehen des Autos gleichzeitig die Ziffern der Parkbuchten. Der*die Schüler*in soll nun nicht nur das Auto benennen, was die Position gewechselt hat, sondern auch die Nummer der Parkbucht.

Quelle: nach Fonck, Stefanie (2018): Willkommen in der Schulkindbetreuung. 4. Auflage. Dortmund: *BORGMANN MEDIA*

126. Countdown zählen

Material:
- zwei Seile

Für dieses bewegte Spiel werden die zwei Seile im Abstand zueinander als Start- und Ziellinie ausgelegt. Die Schüler*innen hocken sich nebeneinander vor die Startlinie hin. Wie bei einem Raketenstart, wird nun der Countdown von 10 bis zur 0 runter gezählt. Nach und nach richten die Schüler*innen sich dabei auf, so dass sie bei der Zahl 0 bereit für einen Sprung sind. Alle Kinder verbleiben dort wo sie gelandet sind und begeben sich wieder in die Hocke. Der Countdown wird solange gezählt, bis das erste Kind den Sprung über die Ziellinie geschafft hat.

Quelle: nach Blau, Petra (1995): Spiele für die Schule. Mathematik 1 für das1./2. Schuljahr. München: Oldenbourg Verlag

127. 9er-Feld Spiele

Material:

- KV 9er-Feld Spiele
- Plättchen
- Filz- oder Folienstift

Die Schüler*innen bekommen jeweils eine Kopie des 9er Feldes und legen es vor sich auf den Tisch. Die Lehrkraft gibt nun Handlungsanweisungen, welche Zahlen an welcher Stelle in das 9er Feld gemalt werden sollen.

Oben links	Oben Mitte	Oben Rechts
Mitte links	Mitte	Mitte rechts
Unten links	Unten Mitte	Unten rechts

Im Anschluss wird die Vorlage verglichen. Die Schüler*innen sollen die Orientierung im Raum üben (Raum-Lage-Wahrnehmung). Begrifflichkeiten, wie oben, unten, rechts und links werden den Schüler*innen nahegebracht.

Tipp:
Die Handlungsanweisungen können sich auch auf geometrische Formen beziehen. Dabei können die Formen entweder eingezeichnet oder aus dem Materialfundus hineingelegt werden.
Die Schüler*innen können auch zu zweit arbeiten und sich gegenseitig Handlungsanweisungen geben.

Quelle: nach Diaz Meyer, Marianela/ Schneider, Manuela/ Eggert, Margit/ Koch, Alexandra/ Endisch, Judith (2020): Gespür für Formen, Raum-Lage und Begrenzungen fördern. Handreichung für Pädagoginnen und Pädagogen im Kindergarten. Modul 4. Entstanden im Rahmen des Erasmus+-Projektes „HS-Tutorials: Praktische Module zur Förderung von Schreibfertigkeiten in Schulen und im Übergang Kindergarten – Schule“. Heroldsberg

128. Nachbarzahlen

Material:

- Karton oder Pappe
- Schraubdeckel mit Gewinde
- Cutter
- Punkteaufkleber

Eine Upcycling Spielidee zum Zuordnen der Nachbarzahlen. Die Schraubdeckel mitsamt dem Schraubgewinde werden aus Milch- oder Saftpackungen herausgetrennt. Auf einer beliebig großen Pappe oder Karton werden mit dem Cutter runde Öffnungen geschnitten und die Schraubgewinde von hinten hindurchgesteckt. Zusätzlich wird von hinten eine Pappe oder ein Karton zur Stabilisation befestigt. Neben die Kreisöffnungen werden nun auf die Vorderseite Zahlenfolgen geschrieben. Im Anschluss werden die Deckel mit den Punkteaufklebern und der jeweils fehlenden Zahl beschriftet.
Die Schüler*innen sollen den Schraubgewinden die jeweils passende Zahl zuordnen und den entsprechenden Deckel aufschrauben. Bei dieser Spielidee wird gleichzeitig die Feinmotorik durch das Auf- und Zudrehen der Schraubdeckel trainiert.

Quelle: nach Jakubek, Juliane (2023): Gemeinsam Basteln Gemeinsam Wachsen. Das Kinderbastelbuch für gezielte Förderung. Gerlingen: Frechverlag

129. Zahlentreppe

Material:

- Treppe
- Ziffern
- Punktemengen/Fingerbilder
- doppelseitiges Klebeband

Treppen lassen sich wunderbar in eine Fördereinheit einbauen. Pro Treppenstufe wird die Ziffer, deren Menge und/oder ein Fingerbild angebracht. Auf den Treppenstufen werden die Zahlen vorwärts und rückwärts „abgegangen“ und gleichzeitig deren Mengen und Fingerbilder wahrgenommen. Eine spielerische Art, so ganz nebenbei das Schulgebäude mit ins Lernen einzubauen.

Tipp:
Die Treppenstufen lassen sich natürlich je nach Anzahl auch auf den Zahlenraum 20 erweitern.

Quelle: nach Gorschlüter, Jutta/ Gorschlüter, Marie (2022): Wenn Lernen schwierig ist. Alles, was den Lernalltag mit Kindern erleichtert. Stuttgart: Verlag W. Kohlhammer

130. Zeig mir deine Finger

Material:

- keins

Zwei Schüler*innen spielen miteinander und stellen sich gegenüber. Ihre Hände halten sie hinter ihren Rücken. Gemeinsam zählen sie einen Countdown runter (3-2-1). Bei Null angekommen, zeigen sie sich gleichzeitig ihre individuelle Fingerzahl. Das heißt ein Kind zeigt bspw. nur eine Hand und das andere Kind alle 10 Finger. Wer als erstes die Gesamt-Fingerzahl 15 nennt, hat die Runde gewonnen. In jeder Runde entscheiden die Schüler*innen eigenständig, wie viele Finger es dem anderen Kind zeigt.

Quelle: nach Friedl, Johanna (2012): Die besten Spiele für den Anfangsunterricht. München: Oldenbourg

131. Welche Zahl fehlt?

Material:

- Zahlenkarten (1–20)

Die Zahlenkärtchen werden der Reihe nach auf den Tisch gelegt. Zwei Schüler*innen spielen miteinander. Das eine Kind schließt die Augen und das andere Kind darf eine Zahlenkarte wegnehmen. Nachdem die Augen wieder geöffnet wurden, darf gesagt werden, welche Zahl fehlt. Nun dürfen die Rollen getauscht werden und der Schwierigkeitsgrad erhöht werden, indem nun mehrere Karten weggenommen werden.

Quelle: nach Senatsverwaltung für Bildung, Wissenschaft und Forschung (o. J.): Lerndokumentation Mathematik. Anregungsmaterialien. Online: https://www2.mathematik.tu-darmstadt.de/~herrmann/schule/material.pdf (Zugriff: Januar 2023)

132. Vorgänger und Nachfolger

Material:

- Zahlenkarten
- Gymnastikreifen
- ggf. Musik

Für dieses bewegte Spiel erhalten alle Schüler*innen eine Zahlenkarte und der Gymnastikreifen wird auf den Boden gelegt. Die Schüler*innen bewegen sich nun im Raum (ggf. zur Musik). Sie stoppen ggf. die Musik und nennen eine erste Zahl, z. B. die 12. Das Kind mit der Zahlenkarte 12 rennt zum Gymnastikreifen und stellt sich hinein. Gleichzeitig müssen sich aber auch die Kinder mit den Nachbarzahlen 11 und 13 auf den Weg machen, um sich rechts und links neben den Gymnastikreifen zu stellen. Das Kind das im Gymnastikreifen gestanden hat, darf in der nächsten Runde eine neue Zahl auswählen.

Quelle: nach Fonck, Stefanie (2018): Willkommen in der Schulkindbetreuung. 4. Auflage. Dortmund: *BORGMANN MEDIA*

133. Zahlenlauf

Material:

- Zahlenkarten
- evtl. Stoppuhr

Für dieses bewegte Spiel verteilen sich die Schüler*innen, so dass ausreichend Platz zwischen ihnen besteht. Bis auf ein Kind erhält jede*r Schüler*in eine Zahlenkarte. Das Kind, das keine Zahlenkarte besitzt, muss seine Startposition bei Kind Nummer 1 suchen und nun nach und nach zu den Kindern mit den nachfolgenden Zahlen flitzen und dabei auf die Zahlenkarten tippen. Die Zahlen sind natürlich ziemlich durcheinander geraten und die Suche nach der richtigen Reihenfolge beginnt.

Tipp:
Besonders spannend wird es, wenn die Zeit gestoppt wird, wie lange das Kind von der ersten bis zur letzten Zahl benötigt. Eine schwierige Variante ist das Spiel, wenn die Kinder die Zahlenfolge rückwärts ablaufen.

Quelle: nach Friedl, Johanna (2012): Die besten Spiele für den Anfangsunterricht. München: Oldenbourg

134. Kopfrechnen-Bingo

Material:

- Bingo-Spielplan
- Muggelsteine

Die kostenlosen Bingo-Spielpläne (siehe Quelle) werden vorbereitet. Die Schüler*innen erhalten jeweils ein Bingo-Spielfeld und legen es vor sich, die Rechenaufgaben werden verdeckt ausgelegt. Zudem bekommt jede*r Schüler*in einige Muggelsteine. Sie decken die erste Rechenaufgabe auf und nennen sie. Die Schüler*innen rechnen das Ergebnis aus, falls dieses auf dem Bingo-Spielplan zu sehen ist, wird es mit einem Muggelstein markiert. Wer zuerst drei Muggelsteine in einer Reihe hat, ruft „Bingo"!

Quelle: nach Hübinger, Karolin (2014): Mompitz – Bingo. Online: http://reif-fuer-die-ferien.blogspot.com/2014/02/mompitz-bingo.html (Zugriff: April 2023)

135. Wie viel ist Hundert?

Material:

- Becher
- Größere Mengen von keinen Gegenständen, z. B. Kugeln, Bohnen, Knöpfe, Büroklammern oder Wattestäbchen

Zwei oder drei Schüler*innen bilden eine Gruppe und bekommen 10 Becher. In jeden Becher sollen nun 10 Teile abgezählt werden. Wenn alle Becher gefüllt sind, können die Schüler*innen versuchen in Zehnerschritten zu zählen.
Anschließend kann jede Gruppe versuchen in Einerschritten zu zählen.

Quelle: nach Johnson, Virginia (2008): Mathe kann man anfassen! 225 Ideen und Materialien für den handlungsorientierten Anfangsunterricht. Mülheim an der Ruhr: Verlag an der Ruhr

136. Verkehrte Welt

Material:

- Rahmenpuzzle
- Filzstift

Das Puzzle wird aus dem Rahmen herausgenommen und auf den Tisch gelegt. Jetzt wird in die jeweiligen Felder im Rahmen eine Rechenaufgabe geschrieben. Das dazugehörige Puzzlestück bekommt die Antwort der Rechenaufgabe auf die Rückseite geschrieben.

Spielt ein*e Schüler*in dieses Spiel, liegen alle Puzzleteile verkehrt herum auf dem Tisch und zeigen die Ergebnisse. Stück für Stück kann das Puzzle dann rechnend vervollständigt werden.

Quelle: unbekannt

Quelle Rahmenpuzzle: Ravensburger Puzzle

137. Finde die Hausnummer

Material:

- KV Finde die Hausnummer
- 2 Würfel
- Folienstift

Die Schüler*innen bekommen je 2 Würfel. Die Augenzahlen der 2 Würfel werden als Zehner und Einer in das Haus stellengerecht eingetragen. Vor einem Wurf können sich die Schüler*innen entscheiden, ob sie eine hohe Hausnummer oder eine niedrige würfeln wollen.

Tipp:
Wenn farblich unterschiedliche Würfel genutzt werden, kann damit der Zehner und Einer unterschieden werden. Die Schüler*innen üben dann die Zuordnung in die stellengerechte Schreibweise und das Benennen der Hausnummern.

Quelle: nach Technische Universität Dortmund (o. J.): PIKAS Deutsches Zentrum für Lehrkräftebildung Mathematik. Mengen erleben. https://pikas.dzlm.de/unterricht/distanzunterricht/zentrale-themen-1-schuljahr/mengen-erfassen (Zugriff: Juni 2023)

138. Versteckte Zahl

Material:

- KV Hunderterfeld
- Kreise aus Pappe

Das Hunderterfeld wird auf den Tisch oder den Boden gelegt. Mindestens zwei Kinder spielen miteinander und können sich gegenseitig befragen. Abwechselnd kann nun ein Kind einen Kreis auf eine beliebige Zahl auf dem Hunderterfeld legen, während das andere Kind die Zahl erkennen soll. Durch Hochheben des Kreises zur Kontrolle, kann das Ergebnis überprüft werden. Der Kreis bleibt liegen und die nächste Zahl versteckt sich. Je mehr Kreise auf dem Hunderterfeld liegen, umso schwieriger wird die Bestimmung der versteckten Zahl.

Tipp:
Wenn zu viele Kreise auf dem Feld liegen, kann der Kreis mit der aktuell versteckten Zahl mit einem Stein (Knopf, Würfel) markiert sein.

Quelle: nach Matheinklusiv mit Pikas. Deutsches Zentrum für Lehrkräftebildung Mathematik (o. J.): online: https://pikas-mi.dzlm.de/leitideen/aufgaben-adaptieren/verwandte-aufgabenstellungen-verwenden/unterricht (Zugriff Juni 2023)

139. Zahlenfenster

Material:

- KV Hunderterfeld
- KV Zahlenfenster

Die KV Zahlenfenster wird entsprechend des Fotos anhand der Linien ein- und ausgeschnitten, sodass ein Fenster entsteht. Jede*jeder Schüler*in bekommt ein Hunderterfeld und ein „Fenster". Das Zahlenfenster wird jetzt auf eine beliebige Zahl gelegt und entsprechend der Öffnungen geklappt. Wichtig hierbei ist, dass der Notizzettel mit den Beschriftungen immer in ursprünglicher Ausrichtung liegt, damit die mathematischen Strukturen innerhalb des Hunderterfeldes zu entdecken sind. In diesem Zusammenhang kann auch die Kommunikationskompetenz durch die Verwendung fachbezogener Sprache (z. B. Spalte, Reihe) vermittelt werden.

Quelle: nach Matheinklusiv mit Pikas. Deutsches Zentrum für Lehrkräftebildung Mathematik (o. J.). online: https://pikas-mi.dzlm.de/leitideen/aufgaben-adaptieren/verwandte-aufgabenstellungen-verwenden/unterricht (Zugriff Juni 2023)

140. Becher-Rechnen

Material:

- 6 Plastikbecher mit Zahlenkarten
- Tennisball

Für dieses bewegte Spiel werden die Plastikbecher wie eine Pyramide aufgebaut. In der unteren Reihe stehen drei Becher mit jeweils einer 20er Zahlenkarte. In der mittleren Reihe stehen zwei Becher mit jeweils einer 10er Zahlenkarte. Der letzte Becher wird oben mit einer 20er Zahlenkarte platziert, sodass insgesamt 100 Punkte erspielt werden können. Nun stellt sich der*die Schüler*in in einiger Entfernung auf und wirft den Tennisball in Richtung der Pyramide. Die umgefallenen Becher werden addiert – wer schafft es alle 100 Punkte zu erspielen?

Quelle: nach Krimphove, Silke/ Frormann, Stephanie (2011): Bewegter Unterricht – bewegte Pause. Übungen und Spiele für eine bewegte Grundschule. Buxtehude: AOL-Verlag

141. Welche Zahl bin ich?

Material:

- Hundertertafel
- Muggelsteine
- Klebezettel
- dicker Filzstift

Bei diesem Spiel spielen zwei Schüler*innen miteinander. Das eine Kind kniet sich auf den Boden. Vor dem Kind liegt eine Hundertertafel und Muggelsteine. Das Kind darf den Zahlenraum festlegen, indem es die höchste Zahl benennt, die es erraten möchte, und diese mit einem Muggelstein auf der Hundertertafel markiert (z. B. die 50). Das andere Kind steht nun hinter dem knieenden Kind und sucht sich eine Zahl zwischen 1 und 50 aus und schreibt sie auf den Klebezettel. Das kniende Kind versucht nun zu erraten, welche Zahl aufgeschrieben wurde. Es nennt zunächst eine beliebige Zahl. Nun dürfen Fragen gestellt werden, um die Suche einzukreisen. Wie z. B.:

- Ist die Zahl größer?
- Ist die Zahl kleiner?
- Ist die Zahl einstellig?
- Liegt die Zahl in der Reihe zwischen 11 und 20?

Das andere Kind darf die Fragen nur mit „Ja“ oder „Nein“ beantworten. Bei jeder Frage, die mit „Nein“ beantwortet wurde, legt das Kind auf die entsprechende Zahl einen Muggelstein, so dass es sich besser auf der Hundertertafel orientieren kann und erkennt, dass sich die Möglichkeiten verringern. Wenn die richtige Zahl gefunden wurde, tauschen die Schüler*innen die Rollen.

Quelle: PIKAS (o. J.): Spiele und Kurzaktivitäten. Online: https://pikas.dzlm.de/pikasfiles/uploads/upload/Material/lernen-auf-distanz/spiele-und-kurzaktivitaeten.pdf (Zugriff: März 2023)

142. Plopper

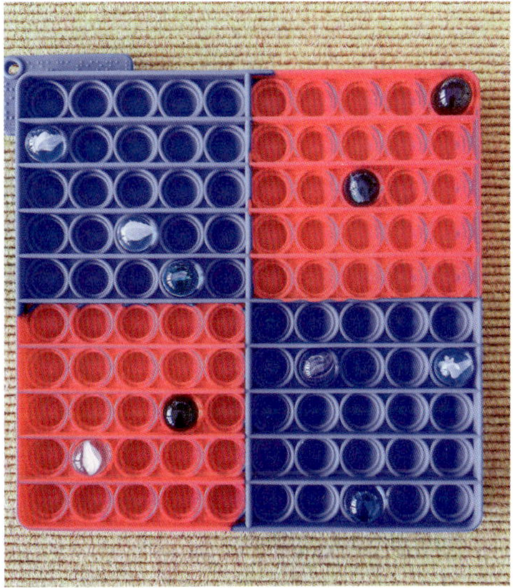

Material:

- Murmeln
- Zahlenkarten 1–100
- Silikon-Plopper als Hunderterfeld

Der Silikon-Plopper im Format Hunderterfeld liegt mit der Vertiefung nach unten vor dem jeweiligen Kind. Die Schüler*innen ziehen eine Zahlenkarte und legen entsprechend der Zahl eine Murmel in die dazu passende Vertiefung auf dem Silikon-Plopper.

Tipp:
Es können auch entsprechend der Zahlenkarte die Nachbarzahlen mit Murmeln belegt werden.
Der Silikon-Plopper liegt mit der Vertiefung nach oben auf dem Tisch. Entsprechend der Zahlenkarte werden Felder „geploppt“.

Quelle: nach Breuer, Kerstin (2022): Plus und Minus Pop it. Online: https://materialwiese.de/2022/09/plus-und-minus-pop-it.html (Zugriff: Juli 2023)

Quelle Silikonplopper: Edupop Bumpli. Online: https://bumpli.de/products/edupop (Zugriff: Juli 2023)

143. Was muss ich bezahlen?

Material:

- Kaufmannsladen
- Waren
- Preisschilder
- Geldstücke und Scheine
- Kasse

Im Raum wird ein Einkaufsladen aufgebaut. Die Schüler*innen können üben, mit Geld umzugehen, Preisschilder für die Waren anzufertigen, Rollenspiele als Kassierer*in und Kund*in (siehe auch 64. Wortschatz erweitern) zu spielen und Spielgeld oder echtes Geld für den Einkauf zu nutzen.
Der Kaufmannsladen kann über einen längeren Zeitraum stehen bleiben, auch wenn bspw. der Warentyp wechselt. So kann z. B. ein Lebensmittelladen, ein Bekleidungsgeschäft, ein Buchladen oder ein Spielzeugladen eröffnet werden.

Quelle: nach Johnson, Virginia (2008): Mathe kann man anfassen! 225 Ideen und Materialien für den handlungsorientierten Anfangsunterricht. Mülheim an der Ruhr: Verlag an der Ruhr

144. Kernaufgaben

Material:

- Kreise
- Bänder oder Wolle
- Filzstift
- Sterne zum Aufkleben

Jeweils 10 Kreise bilden eine Reihe und werden mit Hilfe eines Bandes zur Kette geklebt. Auf jeden Kreis wird auf der Rückseite das Ergebnis der 1 × 1 Reihe geschrieben. Auf der Vorderseite wird nur bei den Kernaufgaben (1 ×, 2 ×, 5 ×, 10 ×) ein Stern befestigt.

Die Schüler*innen können die Malaufgaben nennen, den jeweiligen Kreis umdrehen und das Ergebnis vergleichen. Vor allem die Kernaufgaben können durch die Sterne direkt erkannt und gefunden werden. Die Ketten können entweder im Raum aufgehängt, oder auf dem Tisch liegend benutzt werden (beim Aufhängen drehen sich schnell alle Kreise mit um und müssen durch die zweite Hand „gesichert" werden).

Quelle: nach Simon, Hendrik (2023): Reihen üben – aber mit Verstand. Online: instagram/hendriks_mathewerkstatt (Zugriff: Juni 2023)

145. Treppenhaus Rechnen

Material:

- Treppe
- Ziffernkarten
- doppelseitiges Klebeband

Treppen lassen sich wunderbar für das Üben der Einmaleins-Reihen nutzen. Die Ziffern (siehe Quelle) werden laminiert und auf jeder Treppenstufe mit Hilfe des doppelseitigen Klebebandes befestigt.
Laden Sie Ihre Schüler*innen zum Eimaleins-Reihen-Hüpfen ein oder gehen Sie die Reihen vorwärts und rückwärts ab. Schon das Benutzen der Treppe animiert dazu, die Einmaleins-Reihen anzuschauen und einzuprägen. Dies wird zusätzlich durch eine farbliche Gestaltung der einzelnen Reihen unterstützt.

Quelle: nach Seeger, Dorothee/ Schwank, Elisabeth/ Schwank, Inge/ Holodynski, Manfred (2021): Mathe – Kiste. Spielerisch Kompetenzen fördern. Freiburg im Breisgau: Verlag Herder GmbH

Quelle Ziffernkarten: Schulträumerei (2021): 1 × 1 Treppe. Das kleine Einmaleins. Online: https://eduki.com/de/material/319233/1x1-treppe-das-kleine-einmaleins (Zugriff: Juli 2023)

146. Anschauungsmaterialien

Anschauungsmaterialien können eine wesentliche Funktion im Rechenalltag erfüllen, wenn sie nicht allein als Hilfestellung dienen, um bei der Erarbeitung neuer Lerninhalte zu unterstützen. Durch Anschauungs-materialien können die Schüler*innen Zusammenhänge erkennen, Rechenwege durch Visualisierung begreifen und Neues entdecken.
Das Deutsche Zentrum für Lehrkräftebildung Mathematik (PIKAS) weist darauf hin, dass es „[...] wichtig [ist], den Umgang mit Darstellungsmitteln positiv zu besetzen und den Begriff „Hilfsmittel“ durch „Forschermittel“ zu ersetzen“.[7]

- Wendeplättchen
- Piraten-Gold
- Mathe-Bärchen, Betzold
- Muggelsteine
- Legosteine
- Steckwürfel
- Abakus
- Rechenschiffchen
- Rechenschieber 20er Feld
- Rechenschieber 100er Feld
- Rechenketten 20er Feld
- 10er Punktestreifen
- 10er Zahlenstreifen
- 20er Zahlenstreifen
- 100er Feld
- Aushänge im Klassen-/Förderraum Zahlen 1–20
- Zahlen zum Anfassen
- Zahlenstrahl
- Rechenkette in groß mit Kunststoffbällen. Die Kugeln für die Zahlen 5, 10, 15, 20 sind in einer anderen Farbe

7 PIKAS Deutsches Zentrum für Lehrkräftebildung Mathematik (o. J.): Forschermittel. Online: https://pikas.dzlm.de/fortbildung/forschermittel (Zugriff: September 2023)

Das Spiel mit den Zahlen

Anschauungsmaterialien

- Zehnerfreunde als Plakat (Verliebte Zahlen in der Summe 10)
- Ri Ra Rechenzug, Betzold
- Mathematic Bus, Toys for Life

147. Förderbox Rund um die Zahlen

Gesellschaftsspiele:

- Würfel Ligretto, Schmidt Spiele
- 4 Gewinnt, Hasbro
- Uno, Mattel Games
- Halli Galli, Amigo
- Dobble 1,2,3. Asmodee
- SkipBo, Mattel Games
- Elfer raus! Junior, Ravensburger

Material im Zahlenraum 10:

- Pig 10, Noris
- Zahlenreihe, Haba
- Zahlenkarten bis 20, Klett
- 1-plus-1-Karten, Klett
- 1-minus-1-Karten, Klett
- Grabolo, Game Factory
- I Sea 10!, Learning Resources
- Logico Piccolo Förderbox Mathematik Basiskompetenzen, Finken
- Logico Piccolo Förderbox Mathematik ZR bis 10 / bis 20, Finken
- Logico Piccolo Sicher im Zahlenraum bis 10, Finken
- Minus im Zahlenraum 10, Lingoplay
- Plus im Zahlenraum 10, Lingoplay

Material im Zahlenraum 20:

- Rechen-Kapitän, Ravensburger
- Mini Motor Math Activity Set, Learning Resources
- Pio Posttaube, Haba
- Mathe Würfel Junior, ThinkFun
- Plus im ZR 20 mit Zehnerübergang, Lingoplay
- Minus im ZR 20 mit Zehnerübergang, Lingoplay

Lernspiel:

- Kleines Multiplikationsbrett, Montessori Lernwelten

Notizen

Teil E:
Förderung im Schulalltag

148. Hilfsmittel zur Stifthaltung

Material:

- diverse Schreibhilfen, wie z. B. Sattler Grip, Solo Grip, Pinch Grip, Dreikant, Bolly, Schreibkugel etc.

Ein empfehlender und umfassender Blogeintrag rund um die Stifthaltung ist auf der Homepage „Haus-der-Schulfähigkeit“ (siehe Quelle) zu finden.
Sobald eine Fehlhaltung beim Schreiben wahrgenommen wird, können den Schüler*innen unterschiedliche Schreibhilfen zur Verfügung gestellt werden, die über den Bleistift übergestülpt werden und eine ergonomisch korrekte Stifthaltung initiiert. Das eigene Empfinden beim Ausprobieren der Schreibhilfen spielt eine große Rolle, das Kind muss das Hilfsmittel als angenehm empfinden. Sobald der*die Schülerin für sich eine passende Schreibhilfe gefunden hat, wird diese zum Testen ausgeliehen. Die Eltern werden darüber informiert, dass ihr Kind eine Schreibhilfe im Etui hat, welche die Stifthaltung verbessern soll. Falls der*die Schüler*in und dessen Eltern die Schreibhilfe als positiv unterstützend wahrnehmen, sollen sie sich in einem Schreibwarengeschäft oder bei einem Online-Anbieter eine eigene Schreibhilfe anschaffen und die ausgeliehene wieder zurückgeben.

Wichtige Hinweise: Die Hilfsmittel müssen auf Links- oder Rechtshänder abgestimmt sein! Sollte sich die Fehlhaltung beim Schreiben trotz der Hilfsmittel festigen, muss eine therapeutische Förderung (wie z. B. Ergotherapie) empfohlen werden!

Quelle: nach Bauschke, Julia/Hanstein, Sabine (2023): Stifthaltung fördern – so geht‘s. Online: https://haus-der-schulfaehigkeit.de/stifthaltung-foerdern/ (Zugriff: April 2023)

149. Abdeckkarten

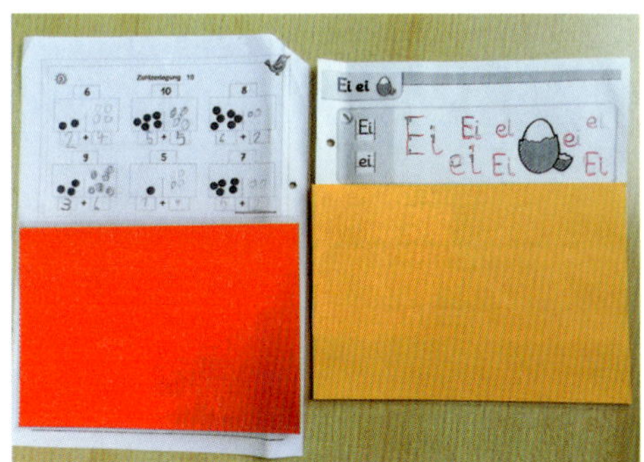

Material:

- laminierte DIN-A5-Karte (weiß oder unifarben)

Viele Schüler*innen fällt es schwer ihre Aufmerksamkeit bei der Bearbeitung von Aufgaben zu fokussieren, so beginnen sie bspw. bei einer Aufgabe, die erst zu einem späteren Zeitpunkt bearbeitet werden muss oder ihre Motivation ist von Beginn an gestört, da sie die Aufgabenmenge als zu viel empfinden und somit nicht mit der Arbeit beginnen möchten. Um dies zu vermeiden und strukturiert eine Aufgabe nach der anderen zu bearbeiten, eignen sich Abdeckkarten. Nur die Aufgabe, die bearbeitet werden muss, soll sichtbar sein, der Rest wird mit der Abdeckkarte abgedeckt. Die anderen Reize werden dadurch minimiert und die Aufmerksamkeit kann auf einen gezielten Bereich gelenkt werden. Üben Sie gemeinsam mit den Schüler*innen diesen Einsatz, so dass mit der Abdeckkarte umgehen können. Diese sollten im Klassenraum zur freien Verfügung stehen und in mehrfacher Ausführung angeboten werden.

Quelle: nach Blank/ Höhn/ Reimann-Höhn GbR (o. J.): Tipps gegen Flüchtigkeitsfehler. Online:https://www.lernfoerderung.de/adhs-und-ads/konzentration/tipps-gegen-fluechtigkeitsfehler/ (Zugriff: April 2023)

150. Etui-Parkplatz

Material:

- Parkplatz-Schild

Viele Schüler*innen benötigen Unterstützung bei der Organisation ihrer Materialien am Arbeitsplatz, andere hingegen nutzen ein geöffnetes Etui um mit dessen Inhalt zu spielen und sind dadurch abgelenkt. Der Etui-Parkplatz sollte für alle Schüler*innen eingerichtet werden, indem ein einlaminiertes Parkplatz-Schild (siehe Quelle) am äußeren Tischrand aufgeklebt wird. Wenn das Zeichen gegeben wird, dass das Etui auf dem Parkplatz liegen soll, sollen die Schüler*innen das Etui schließen und es auf das Parkplatz-Schild legen. Ist dies erfolgt, gilt ebenso die Regel, dass mit dem Etui nicht gespielt wird. Dadurch bekommen die Schüler*innen eine klare Orientierungshilfe, wo das Etui liegen soll.

Quelle: nach Nowey-Fath, Erwine/ Süßmair-Kölbl, Rosemarie (2014): 99 Tipps für die Grundschule. Anfangsunterricht. Berlin: Cornelsen

Quelle Parkplatz Schild: minimalclassroom (2022): Parkplatz Schild – Visualisierung Ablageort für Federmäppchen / Etui. Online: https://eduki.com/de/material/669419/parkplatz-schild-visualisierung-ablageort-fur-federmappchen-etui (Zugriff: Juni 2023)

151. Hilfe-Tisch

Material:

- Tisch
- 2–4 Stühle

Im Klassenraum befindet sich ein Tisch mit 2–4 Stühlen. Dieser Tisch wird im Klassenverband als „Hilfe-Tisch“ eingeführt. Wenn Schüler*innen Fragen zu einer Aufgabe haben oder zusätzliche Erklärungen zu einem bestimmten Thema brauchen, kommen sie zu diesem Tisch und setzen sich. Durch eine Lehrkraft oder sozialpädagogische Fachkraft kann hier differenziert auf die Fragestellung des Kindes eingegangen werden. Auch Mitschüler*innen können Experten*innen zu einem Thema werden und Unterstützung an diesem Tisch anbieten.
Die Schüler*innen können diesen Tisch selbständig aufsuchen.

Das gewählte Format sorgt außerdem für Ruhe im Raum, weil die Lehrkraft nicht im Raum herumläuft, sondern an einem sicheren Ort im Klassenraum für alle Kinder zu finden ist.

Quelle: nach Ständige Konferenz der Kultusminister der Länder in der Bundesrepublik Deutschland (2000): Empfehlungen zum Förderschwerpunkt emotionale und soziale Entwicklung. Online: https://www.kmk.org/fileadmin/Dateien/veroeffentlichungen_beschluesse/2000/2000_03_10-Empfehlung-emotionale-Entwicklung.pdf (Zugriff: Juni 2023)

152. Lernwagen

Material:

- Servierwagen
- diverse Lernmaterialien mit unterschiedlichen Schwierigkeitsniveaus

Für die individuelle Binnendifferenzierung im Klassenverband kann ein Lernwagen mit drei Kompetenzstufen eingerichtet werden. Die Schwierigkeitsniveaus können bspw. in „Rehe", „Eulen" und „Eichhörnchen" unterteilt werden. Im Lernverhalten sind die „Rehe" eher schüchtern, die „Eulen" sind schon recht umsichtig und die „Eichhörnchen" arbeiten äußerst flink. Den Schüler*innen wird im persönlichen Gespräch mitgeteilt, welche Lernmaterialien für sie vorgesehen sind. In den drei Fächern werden Lernmaterialien angeboten, die den jeweiligen Kompetenzstufen entsprechen. Dies bedeutet, dass die Schüler*innen diverse Zugangsweisen, Aufgabenbearbeitungsformen und Lernmedien zur Verfügung gestellt bekommen, mit denen sie selbstständig in der Freiarbeit individuelle Lerninhalte bearbeiten können.

Quelle: Kempkes, Stefanie in Zusammenarbeit mit den Lehrkräften Berger, Corinne und Hollmann, Malin in der Katholischen Grundschule Anholt

Quelle Servierwagen: Ikea RÅSKOG Servierwagen

153. Leseecke

Material:

- Kissen
- Decken
- Baldachin
- eventuell Lichterkette

Lese-Ecken passen in die kleinste Nische. Die Schüler*innen lieben es, sich gemütlich hinzusetzen und in einem Buch zu lesen. Während der Lesezeit haben die Schüler*innen die Möglichkeit, sich ruhige Rückzugsorte zu schaffen, um sich voll und ganz auf das Lesen zu konzentrieren.
Lesen fällt in entspannten Situationen durchaus leichter, als am Tisch auf einem Stuhl sitzend. An unserer Schule wurde im Rahmen der Erstellung eines Raumkonzeptes einheitlich in allen Klassenräumen eine Leseecke eingerichtet. Zusätzlich wurden in diesem alten Gebäude z. B. die Vitrinen zu Leseecken umgebaut. Mit Teppich ausgelegt, ein paar Kissen und Decken dazu – schon fertig!

Tipp:
In den sonst oftmals kahlen Fluren, lassen sich mit brandschutztauglichen Sofas oder Sitzsäcken Ecken schaffen, die von den Schüler*innen in der Regel gerne genutzt werden. Dazu eine Wimpelkette oder Lichterkette dekoriert und ein neuer Lesebereich kann genutzt werden.

Quelle: Hesse, Simone in der Zusammenarbeit mit dem Kollegium Isselschule im Rahmen der Erarbeitung eines Raumkonzept am GSV Isselschule in Isselburg

154. Tischtransparenz

Material:

- Laminierte Karte A6
- Klettpunkte
- Symbolkarten

Die Schüler*innen, die Unterstützung in der Strukturierung ihres Schultages brauchen bzw. Handlungsabläufe für einzelne Unterrichtsstunden, bekommen eine laminierte A6-Karte auf ihren Arbeitsplatz geklebt. So können Symbolkarten mit Hilfe von Klettpunkten befestigt und nach Erledigung in ein Schälchen gelegt werden. Auf den Symbolkarten können auch kleine Bilder der Arbeitshefte oder Bilder von Stiften, Kleber o. ä. zu sehen sein. Je nachdem in welcher Form das Kind Unterstützung benötigt.
Manchmal ist es auch hilfreich, die Tagestransparenz, die in der Regel an der Tafel angebracht ist, nochmal in kleinem Format dem Kind zur Verfügung zu stellen.

Quelle: nach Solzbacher, Heike (2011): Von der Dose bis zur Arbeitsmappe. Ideen und Anregungen für strukturierte Beschäftigungen in Anlehnung an den TEACCH-Ansatz. Dortmund: *BORGMANN MEDIA*

155. Volle Power

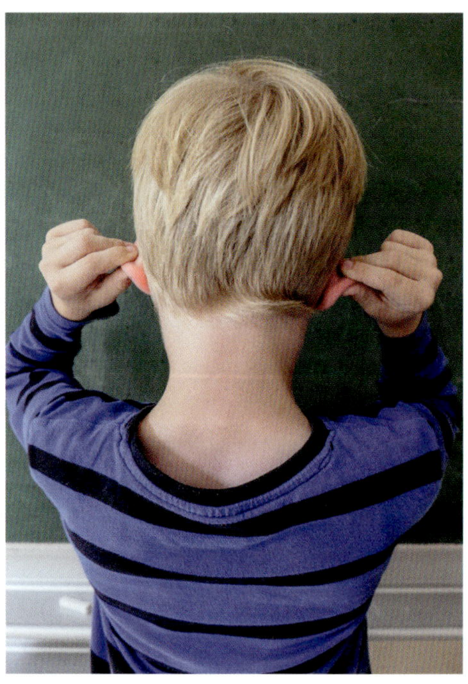

Die hier aufgeführten Übungen dienen dazu, den Energiefluss des Körpers wiederherzustellen. Sie verbessern die Konzentration und die Atmung und können so hilfreiche Rituale werden, um zur Ruhe zu kommen und unser Gehirn zu mobilisieren.

Ohrmassage

Material:

- keins

Die Schüler*innen nehmen Daumen und Zeigefinger, um die eingerollten Ränder der Ohren sanft nach außen zu ziehen. Von der Ohrmitte ausgehend wird in Richtung Ohrspitze massiert und anschließend wiederholt. Die Ohren sind danach gut durchblutet und warm.

Stress reduzieren

Material:

- keins

Ca. 2 cm rechts und links des Brustbeins, unterhalb des Schlüsselbeins befinden sich Gehirnknöpfe. Diese werden mit Daumen und Zeigefinger einer Hand massiert, während die andere Hand auf dem Bauch liegt und den Atem spürt.

Arm kreisen

Material:

- keins

Die Füße stehen hüftbreit auseinander. Beide Arme kreisen gleichzeitig von vorne über den Kopf nach hinten. Die Ellenbogen bleiben dabei durchgestreckt.

Quelle: nach Prof. Dr. Decker, Franz/Bäcker, Brigitte (2000): Kinesiologie mit Kindern. Berlin: Urania Ravensburger.

156. Bücher-Transport

Material:
- Bücher

Für eine bewegte Konzentrationsübung stellen sich die Schüler*innen hin und legen sich ein Buch auf ihrem Kopf. Dies gestaltet sich schon als recht wackelige Angelegenheit. Die Schüler*innen müssen die Balance halten, so dass das Buch nicht vom Kopf herunterfällt. Um den Schwierigkeitsgrad zu erhöhen, können die Schüler*innen versuchen mit dem Buch auf dem Kopf folgende Bewegungen durchzuführen:

- sich im Kreis zu drehen
- zu laufen
- auf einem Bein zu stehen.

Eine weitere Variante wäre es, ein zweites Buch auf den Kopf zu legen und nach und nach die Anzahl zu steigern.

Quelle: nach Bierögel, Sybille/ Hemming, Antje (2008): Bewegungsspiele im Klassenzimmer. Neue Ideen für alle Grundschulfächer. München: Hase und Igel Verlag

157. Fahrrad fahren am Platz

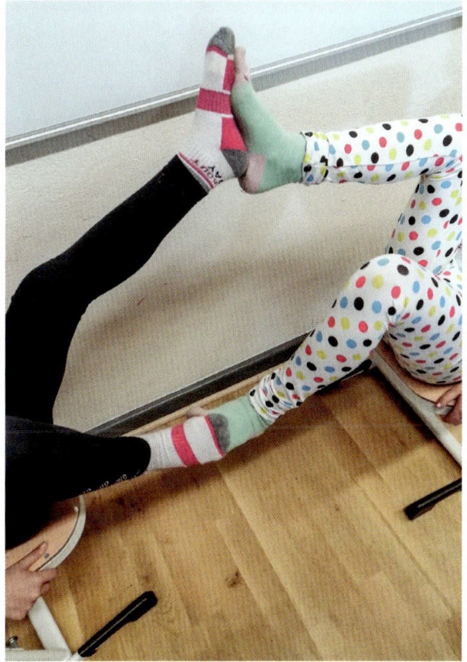

Material:

- zwei Stühle

Um in einer Regenpause Bewegungsmöglichkeiten im Klassenraum zu schaffen, können sich zwei Schüler*innen mit ihren Stühlen gegenüber setzen. Der Abstand sollte so gewählt werden, dass sie ihre Füße bequem aneinander legen können (abstützen können sich die Schüler*innen dabei auf der Sitzfläche). Nun kann das „Fahrradfahren" schon loslegen, indem die Schüler*innen quasi in der Luft in die „Pedalen" treten. Dies mit den Bewegungen des Gegenübers zu koordinieren, ist schon eine Herausforderung, doch wie auch beim richtigen Fahrradfahren gelingt dies mit ein wenig Übung. Natürlich kann das Tempo variiert werden, indem man entweder ganz langsam oder super schnell „fährt".

Quelle: nach Friedl, Johanna (2012): Die besten Spiele für den Anfangsunterricht. München: Oldenbourg

158. Schultaschen Slalom

Material:

- Schultaschen

Auf dem Flur oder dem Schulhof werden die Schultaschen der Schüler*innen als Slalom-Parcours aufgestellt. Die Kinder stellen sich hintereinander auf und laufen den Slalom-Weg.
Der Schwierigkeitsgrad wird erhöht, wenn die Kinder auf dem Weg z. B. einen Luftballon auf der Hand oder einen Becher Wasser (ohne etwas zu verschütten) transportieren sollen.

Quelle: nach Klink, Gabriele (2012): 166 Sport-Spiele zur Psychomotorik. Gezielte Bewegungsangebote für den Anfangsunterricht. Buxtehude: Persen Verlag

159. Würfel – wie sollen wir uns bewegen?

Material:

- Würfel mit Taschen
- Bewegungsbilder

Für dieses bewegte Spiel müssen zunächst die Bewegungen, die der Würfel vorgeben soll, festgelegt werden. Für die Schuleingangsphase eignen sich besonders Bilder (mögliche Vorlagen siehe Quelle), so bestimmen die Schüler*innen mit, welche sechs Bewegungsbilder in die Taschen des Würfels gesteckt werden und direkt von allen erkannt werden können. Und schon kann es losgehen. Der Bewegungswürfel wird gewürfelt und alle Schüler*innen führen die oben liegende Bewegung eine kurze Zeit aus. Vorteil bei dem Würfel mit Taschen ist, dass die Bilder nach einer gewissen Zeit ausgetauscht und neue Bewegungen durchgeführt werden können – so kommt bei dieser Übung keine Langeweile auf.

Quelle: nach Witting, Antje/ Dörken, Yvonne (2009): Bewegte Konzentrationsförderung. 100 neue und bewährte Übungen und Spiele. Wiebelsheim: Limpert Verlag

Quelle Bewegungsbilder: Schäfer, Susanne (2019): Bewegungsplakat kompakt – Mäuse. Online: https://www2.zaubereinmaleins.de/bz/2019/plakat_maus.pdf (Zugriff: Juni 2023)

160. Stuhl-Spiel

Material:
- Stühle
- Musik

Für dieses bewegte Spiel müssen die Schüler*innen vor der Sitzfläche ihres Stuhls stehen. Sobald die Musik startet, joggen die Schüler*innen auf der Stelle. Wird die Musik gestoppt, nennen Sie ein Körperteil, das den Stuhl nun berühren soll. Sie rufen also bspw. Nase, Popo, Fußspitze, Stirn etc. Nachdem alle Schüler*innen das entsprechende Körperteil auf den Stuhl abgelegt haben, wird die Musik wieder gestartet und beim nächsten Stopp ein neues Körperteil genannt.

Quelle: nach Unfallkasse Baden-Württemberg (Hg.) (o. J.): 10 Beispiele für eine aktivierende Bewegungspause. [Broschüre 4]